T0278705

JUAN CARLOS CUBEIRO

# Cómo descubrir y aprovechar el talento de tu organización

*Diez conceptos para optimizarla*

ALMUZARA

Editorial Almuzara
Colección Pensamiento para la empresa
Director de colección: Jacobo Feijóo
Director editorial: Antonio Cuesta
Edición: Ángeles López
Maquetación: Joaquín Treviño

www.editorialalmuzara.com
pedidos@almuzaralibros.com - info@almuzaralibros.com

Imprime: Kadmos
ISBN: 978-84-16750-58-0
Depósito Legal: CO-995-2021
Hecho e impreso en España-*Made and printed in Spain*

A las miradas,
las voces y las manos
de quienes potencian su Talento.

# Índice

# Introducción

Después de todo lo sufrido con la pandemia, el Hotel Four Seasons de Madrid vestía sus mejores galas para celebrar los Premios de la Asociación Española de Directivos. Los galardonados iban a ser el presidente ejecutivo de Telefónica, José María Álvarez-Pallete; el presidente de Inditex, Pablo Isla; el CEO del Banco Sabadell, César González-Bueno; la presidenta de APD, Laura González-Molero; las consejeras Rosa García, expresidenta de Siemens, e Isabel Aguilera, ex-CEO de Google; como emprendedora, la presidenta de la Granja Campomayor, María de la Caridad García Busto.

Fernando Tessen, CEO de una de las empresas de servicios más importantes de nuestro país, llegó a la cita un tanto apurado. El tráfico volvía a estar fatal, los aparcamientos junto al Centro Canalejas, sede del Hotel, se encontraban a rebosar. Algo, no por previsible, menos frecuente. Le indicaron en la entrada cuál era su mesa; los organizadores habían puesto el nombre a cada una relacionando grandes conceptos: Visión, Estrategia, Liderazgo, Eficacia, etc. La suya era

TALENTO. Nada más y nada menos. Y quedaba un hueco libre, por supuesto, a su nombre. Fernando es un hombre alto (mide 1,93), deportista (pesa unos 90 kg), al que le encanta el tenis y nadar. Ya ha pasado la cincuentena y está en plena forma física y mental, totalmente saludable. Un atleta corporativo de alto rendimiento.

Se quitó la mascarilla (con el logo de su empresa) y saludó a los otros siete comensales de la mesa. A su derecha, Fernando Tessen reconoció a Beatriz Santabárbara, la gran referencia en *coaching* estratégico, docente de prestigiosas instituciones educativas, una de las conferenciantes más reconocidas y autora de más de medio centenar de libros. A sus 62 años, con un tono de voz impresionante que le concede una autoridad moral y un impacto únicos a pesar de su altura de 1,63 m, era la «gran dama» del desarrollo del liderazgo de habla hispana. No hay gran empresa que no haya contado con ella a lo largo de las últimas tres décadas para avanzar en la transformación cultural, potenciar el Talento de su CEO y de su equipo directivo o integrar las dinámicas digitales en el día a día de la organización. En el mundo de la empresa suele decirse que, cuando la compañía se la juega, como cuando truena, «hay que acordarse de Santabárbara».

Fernando había sido alumno suyo en Filadelfia, cuando hizo el Executive MBA en Wharton, en la Escuela de Negocios de la Universidad de Pensilvania, becado por una de las entonces principales cajas de ahorros. La Dra. Santabárbara impartía *Talent Management*, Gestión del Talento, a los mejores ejecutivos del mundo. Dos compatriotas que se encontraron en la Ciudad de la Libertad, de Benjamín Franklin y de Rocky Balboa. Habían pasado algunos años de aquello y el Sr. Tessen siempre reconoció que ese programa de posgrado, en el Lauder Institute de Wharton, había significado un trampolín incomparable en su carrera profesional. Desde entonces, la globalización, la tecnología, el foco en el cliente y en el Talento siempre habían estado presentes.

Seguro estaba Fernando de que volver a pasar un par de horas conversando con Beatriz iba a convertirse en una ocasión de oro, en una experiencia de aprendizaje sin igual, mientras degustaban los deliciosos platos de Dani García, el chef tres estrellas Michelin, uno de los cocineros andaluces de mayor proyección internacional, que lidera los fogones del Four Seasons, y escuchaban los parlamentos de los galardonados.

Beatriz Santabárbara reconoció inmediatamente a Fernando Tessen. Había seguido su vertiginosa carrera como director financiero, director general y CEO en distintas compañías multinacionales y españolas. Como alumno suyo, admiró su potencial y, como experta, comprobó su rendimiento. El Sr. Tessen no era el directivo español al uso, ni por el manejo de idiomas ni por su capacidad estratégica ni por su incontestable ambición. Sin embargo, la profesora Santabárbara, que dedicaba su tiempo a la consultoría a ambos lados del Atlántico, se sentía un tanto decepcionada por su país. Sin duda, el país de la calidad de vida (lo había comprobado al trabajar en los cinco continentes), por su clima, gastronomía, patrimonio cultural y cercanía de su gente, pero no el país de las oportunidades laborales (con un mercado muy rígido que marcaba récords de desempleo juvenil y de sobrecualificación) ni de la educación (que no está entre las prioridades de los españoles) ni el del verdadero mérito. Un país de maravillosos quijotes, un oasis en el desierto del conformismo y la pereza, cuando no la queja gratuita.

—Profesora Santabárbara, ¿cómo está usted? —Fernando inició la conversación.

—Fernando, llámame de tú, por favor, que ya no estamos en las aulas de *Philly*.

—Estupendo, Beatriz. Un placer que volvamos a compartir mesa y mantel. Pero no lo convirtamos en una sesión de *coaching*, por favor. Creo que hemos venido a disfrutar, a aplaudir a los premiados y a saborear lo que han preparado Dani y su equipo.

—Lo dices como si en una sesión de *coaching* ejecutivo no se disfrutara, querido Fernando. Efectivamente, el destino nos ha unido esta noche para conversar como viejos amigos, a este lado del Atlántico, después de tantos años. Y como nada me parece casual, creo que se trata de una situación que ni pintada para preguntarte sobre el estado de las empresas de nuestro país. Ya sabes que a mí me gusta decir «nuestro país» y no «este país», porque es nuestro, enteramente nuestro, y somos responsables de su éxito y de su fracaso colectivos. Es nuestra Responsabilidad, con mayúsculas, y no podemos ni debemos (en mi caso, queremos) eludirla.

—Totalmente de acuerdo. Responsabilidad ante todo. Y compromiso.

—Ya hablaremos luego de compromiso si te parece. Porque en lo tocante al compromiso, este país me tiene contenta. Todo a su tiempo.

Juan Antonio Alcaraz, presidente de la Asociación Española de Directivos y director general de Negocio de Caixabank desde 2007, inició el acto. La AED, organización fundada por Isidro Fainé en 1996, había crecido más del 50 % en socios corporativos, las empresas que la integran, y casi el 20 % en socios individuales, directivos a título particular que se integraban en el proyecto cuya misión había sido desde hace más de un cuarto de siglo «ayudar a los líderes». El presidente mostró su satisfacción con la rápida adaptación digital. De hecho, la AED había contribuido a recaudar más de un millón y medio de euros en respiradores de emergencia para los pacientes más afectados por el coronavirus. En palabras del presidente de la Asociación, la misma se había adaptado rápidamente a las adversidades de esta cuádruple crisis: sanitaria, medioambiental, económica y social. Todo un éxito al que los asistentes a la cena respondieron anónimamente con un sonoro aplauso.

—Profesora Santabárbara, ¿cómo ves la situación del país?

—Beatriz, por favor, Fernando, Beatriz. Me haces sentir mayor con el tratamiento.

—De acuerdo, Beatriz. Bueno, ¿cómo lo ves? Las empresas españolas han crecido muchísimo, somos más competitivos, más globales.

—Dicho con cariño y humildad, no estaría tan segura de eso. Estamos en todo un cambio de era y la mayor parte de nuestros compatriotas y nuestras organizaciones me temo que sufren del «síndrome de la rana hervida». Se están cociendo poco a poco, grado a grado, hasta sentirse incapaces de liderarse a sí mismas.

—¿De verdad lo crees? Yo te hacía más optimista, si me permites que te lo diga.

—Como sabes, Fernando, lo del optimismo no se puede tomar a la ligera para ocultar la realidad. El optimismo, tal como lo definió Martin Seligman, colega en la Universidad de Pensilvania y uno de los dos padres de la psicología positiva, el optimismo, digo, es un estilo explicativo de la realidad. La realidad es extremadamente compleja y el cerebro humano «elige», consciente o inconscientemente, una pequeña parte de ella. Las personas optimistas inteligentes, y me cuento con sano orgullo entre ellas porque he hecho el test del optimismo de Seligman, consideramos lo que sale bien y lo que puede salir mejor, huyendo en lo posible de la complacencia, siempre peligrosa y, en estos tiempos, aún más.

—Es verdad. El problema es que «pesimismo» muchas veces es la etiqueta que le ponemos a quienes no tienen una visión tan agradable para depreciar su punto de vista.

—Siempre me gustó tu pensamiento crítico, que no te aferras a la primera idea, Fernando. Creo que es una de las cualidades que te ha convertido en un gran directivo, en una referencia. En un líder. Recordarás que en su día os recomendaba el libro *Aprenda optimismo* de Martin Seligman, porque además el optimismo inteligente (no el ingenuo, el naíf) es el gran predictor del Talento comercial. Y si algo necesita este país de «hidalgos», que desde 1492 ha vivido del capital foráneo, desde el oro de América a las divisas del turismo y los fondos europeos, es saberse vender. Si no somos más inteligentemente optimistas, no sabremos aprovechar comercialmente nuestras posibilidades.

—Más optimismo, menos queja. La cultura de la queja nos resta muchísima energía.

—Y eso que yo lo entiendo…

—¿Cómo que lo entiendes, Beatriz? ¿Justificas esa queja que nos es tan propia?

—Pues en cierto modo, sí, Fernando. Ya sabes que me paso la vida de un sitio a otro, en función de los clientes y los proyectos. Cuando viajas tanto fuera, como te pasa a ti, te das cuenta de que el nuestro es el país de la calidad de vida. Y lo digo muy en serio. La calidad de vida, en mi humilde opinión, depende de cuatro aspectos: uno externo, que te toca o no te toca: el clima atmosférico. Nuestro clima es milagrosamente benigno, en temperatura, en humedad, en régimen de lluvias. Un clima que invita a salir a la calle, a pasear, a ir a la playa o a la montaña, un clima que influye en nuestro carácter, sin duda, y que nos aporta mucho económicamente con la llegada de turistas extranjeros. La segunda C es la cultura, que unos valoramos más que otros. Somos un país plagado de historia, cuna de grandes artistas y pensadores, no siempre valorados adecuadamente. La cultura se palpa en pueblos y ciudades. Es una maravilla que se echa a faltar en los pueblos que desgraciadamente no cuentan con ese bagaje histórico. La tercera C es la comida: ¡cómo se come por aquí! En cualquier sitio, desde las fondas más modestas hasta los chefs más reputados, como el que nos ha preparado el menú de esta noche. Tenemos una de las cinco mejores cocinas del mundo y además, probablemente, la más equitativamente repartida, porque otras son especialmente caras y desiguales. En cierto modo, somos lo que

15

comemos y eso nos aporta un plus. Y la cuarta C me gusta llamarla «compañerismo». Gente cercana, en general simpática, muy agradable, con la que conectas muy rápidamente, que no suele andarse con miramientos clasistas o geográficos. Personas que aman mucho, apasionadamente, y que por lo general odian poco. Sí, aquí la Revolución Industrial fracasó; no se hizo con emprendedores, sino con capital público y extranjero, para que se aprovecharan unos pocos, en lo que hoy llamamos «capitalismo de amiguetes».

—Bueno, Beatriz. Creo que te has venido un poco arriba, como dicen ahora. Me has recordado un poco al protagonista de *Volver a empezar*, la película de José Luis Garci de 1982. Ese profesor de literatura en Berkeley que, tras recibir el premio Nobel por motivos que nadie parece conocer, regresa a su Gijón natal a reencontrarse con un amor de juventud.

—Sí, un papel que bordó Antonio Ferrandis, que se haría popular como Chanquete en *Verano azul*. Una cinta estupenda. Han pasado más de 40 años de aquello. Por cierto, creo recordar, porque yo era una veinteañera, que a la peli de Garci le pasó algo similar a lo que narraba: fue inicialmente destrozada por la crítica hasta que ganó el Óscar a la mejor película de habla no inglesa. Tuvo que triunfar fuera para ser reconocida aquí. Tal vez haya algo de eso en las 4 C, pero en mi análisis pretendo basarme en datos objetivos.

—Nuestro país es «guerracivilista» como pocos. No solo la terrible guerra «incivil», como la llamó Unamuno, la del 36, sino también las tres guerras carlistas del siglo XIX, desde 1833 a 1876, que influyeron en la decadencia del 98, en la resistencia de los tradicionalistas a la II República y cuyo espíritu puede estar todavía en algunos temas territoriales de la política española.

—Así es, Fernando. Es más, la guerra de sucesión del rey Carlos II de Habsburgo que supuso el dominio de los Borbones fue, en cierto modo, una guerra civil entre absolutistas y liberales. Los partidarios de Felipe de Borbón, con el apoyo de Francia frente a los del archiduque Carlos, con el apoyo de Austria, Inglaterra, Holanda y Portugal, entre otros. Como explica la historiadora Elvira Roca, con el Tratado de Utrecht (1714) comenzó la dependencia cultural de Francia. Las guerras de independencia hispanoamericanas, de 1810 a 1829, entre el bando patriota o revolucionario y el que quería mantenerse unido a la Corona también fueron guerras fratricidas. La familia paterna de Simón Bolívar, el Libertador, procedía del señorío de Vizcaya y la materna, de Miranda de Ebro; nacido en Caracas, fue a estudiar a España con 16 años. Y la llamada Reconquista, que como sabes duró del 711 al 1492, se alargó considerablemente más por guerras intestinas entre los bandos cristianos que en la lucha conjunta contra los musulmanes. Pero bueno, me estoy enrollando. Es que la historia me encanta y sé que a ti también. Si no conocemos la historia, estamos condenados a repetirla. Estoy de acuerdo contigo. Somos el país de la calidad de vida, y también de la queja para equilibrar tantas bondades, y también el de la «riña a garrotazos» de Goya, el de pegarnos entre hermanos y dejar el país hecho un desastre. José Antonio Marina, mi pensador de cabecera, tiene escrito que suele iniciar la guerra aquel que cree que va a ganarla fácilmente, como

Prusia en la Primera Guerra Mundial y la Alemania de Hitler en la Segunda. Nuestras guerras civiles, a lo largo de la historia, han sido fruto de la ira. La queja, como ha demostrado la psicoterapeuta Amanda Levinson, se convierte en un «piloto automático», en la forma natural e inconsciente de todo. Como el cerebro no distingue entre pensar y hacer, quienes tanto se quejan no se convierten en parte de la solución, sino del problema.

—Se repite una frase del gran Otto von Bismarck. Siendo canciller prusiano en 1863, al recibir al embajador de España, le dijo con asertividad tan germánica: «Admiro su gran nación y la considero indestructible». Cuando el funcionario recién llegado de Madrid le preguntó por el motivo de tal entusiasmo, Bismarck respondió: «Ni siquiera ustedes los españoles, luchando entre ustedes, han sido capaces de destruirla». Si no es cierta, que no lo sé, está bien pensada.

—Sin duda, Fernando. Nos empequeñecemos con esas luchas intestinas, que siguen ahí con esa concepción de la política, tan tribal, tan troglodita, en plan *Juego de tronos*. O juntos tratamos de solucionar el problema, en lo que el maestro Marina llama «política ilustrada», o nos enfrentamos unos a otros con consecuencias funestas. Usar conceptos anticuados no sirve en esta nueva era. Lo malo es que no solo ocurre a nivel país o entre comunidades autónomas, sino dentro de las empresas.

—¿Qué quieres decir?

—Que la simplificación entre capital y trabajo, entre directivos y trabajadores, destruye la organización por dentro. Y en el lenguaje, en las actitudes, en la motivación, incluso, muchas veces prevalece. Eso no tiene futuro.

—Pero parece que estamos instalados en el enfrentamiento o en el «discurso del odio», como se dice ahora.

—La historia de la humanidad es la de la autenticidad, la de la compasión, la de hacer equipo y lograr cosas impresionantes. La de la inhumanidad, que nos ha llevado a los campos de exterminio, violaciones masivas y genocidios, es la de «nosotros contra ellos». En estos tiempos tan emocionales, tan de relato, hemos de tener cuidado con pasarnos.

—Bueno, imagino que la humanidad necesita de un liderazgo tan inspirador como integrador.

—Efectivamente, que vaya más allá de las palabras a los hechos, que se base en lo auténtico y no caiga en la trampa del cinismo. No es tarea fácil en los tiempos que corren. Tenemos que acostumbrarnos a diferenciar una queja de una reclamación y reclamar una sociedad mejor.

—¿Me podrías explicar la diferencia, Beatriz?

—Encantada. En ambas situaciones las personas no estamos conformes con lo que hemos recibido. Por ejemplo, los ciudadanos que creen que pagan muchos impuestos para lo que obtienen del llamado «Estado del Bienestar», que la Administración es poco eficiente y eficaz. Si hubiera un libro de reclamaciones, el Estado debería buscar una solución, subsanar el error. Una reclamación bien planteada debe acabar con una construcción, una satisfacción, y por tanto con una mejora. Un país con instituciones responsables mejora continuamente. Por el contrario, una queja es una insatisfacción que queda en agua de borrajas: ¡Qué desastre! ¡Qué país! ¡Así nos va! No se espera que se resuelva nada por ninguna de las dos partes. La queja no es constructiva, sino que busca el victimismo, cuando no la destrucción. Paradójicamente, así nos acostumbramos a aquello de lo que nos quejamos. Un buen ciudadano es aquella persona que reclama cuando debe y no se queja para liberar su ira. ¿A que en tu empresa tenéis libros de reclamaciones y no libros de quejas? Porque un libro de quejas no sirve para nada. Las reclamaciones, bien planteadas, son una bendición, son un reconocimiento constructivo, una crítica valiosa que hasta fideliza al cliente. Las quejas son inútiles.

—¡Qué interesante! Ya que vamos a empezar a cenar, ¿qué podrías inculcarme esta noche? ¿Sabiduría?

—No creo. Como *coach*, como entrenadora de liderazgo, trato de aplicar aquel pensamiento de Sócrates: «Yo no puedo enseñaros nada, solo puedo ayudaros a buscar el conocimiento dentro de vosotros, lo cual es mucho mejor que traspasaros mi poca sabiduría». Bueno, ya sabes que tanto las ideas socráticas como su método, la mayéutica, nos han llegado a través de su discípulo Platón. Aunque ya me has dicho que esta noche de *coaching* nada.

—Bueno, pues me vendrá bien un poco de sabiduría para los tiempos que corren, para liderar mejor a los míos.

—Pero antes... Valentía y serenidad.

—¿Qué quieres decir?

—Ya sabes que una de las meditaciones del emperador Marco Aurelio, que lidió contra una gran pandemia, es aquella frase tan estoica: «Señor, dame el valor para cambiar las cosas que puedo cambiar; la serenidad para aceptar lo que no puedo cambiar, y la sabiduría para apreciar la diferencia». Una frase que, puesta en marcha, es utilísima para transformar tus hábitos como líder, los de tu organización y, ojalá, los de todo un país.

—Yo que pensaba que esta frase era de Alcohólicos Anónimos.

—Bueno, es una frase que se le ha atribuido a numerosos filósofos, entre ellos Epicteto o Aristóteles, y que un teólogo protestante de Estados Unidos formuló con la serenidad de lo que no puedes cambiar antes de lo que sí puedes trasformar si tienes el coraje de ir a por ello. Lo importante no es de quién es, sino qué hacer con ella: serenidad-valentía-sabiduría. Tenemos que estar actuando en los tres planos: el emocional, el de la acción, el intelectual. O todos o ninguno.

—En cualquier caso, me apunto. Es una *masterclass* exclusiva, algo impagable.

—Bueno, más bien es un diálogo que nos va a enriquecer a ambos.

# ¿SOMOS RECURSOS HUMANOS, PERSONAS O TALENTO?

A Beatriz y Fernando, como al resto de los comensales de la cena, el equipo de la Dani Brasserie les sirvieron el primer plato: ensalada de bogavante con palomitas nitro de aceite de oliva, cremoso de aguacate y brotes tiernos. Original y absolutamente delicioso.

Uno de los galardonados comentó, en agradecimiento a su empresa, aquello tan manido de «los Recursos Humanos son lo más importante de nuestra compañía». En ese momento, Beatriz Santabárbara soltó un respingo que a Fernando le sorprendió. ¿Cómo podía una gran experta de RR. HH. estar en desacuerdo con esa frase tan repetida?

—¿Qué ocurre, Beatriz? ¿No te ha gustado la ensalada?

—¡Qué va! Está deliciosa. Me ha sorprendido muy positivamente.

—¿Entonces?

—Sinceramente, me molesta ese rollo de «los Recursos Humanos son lo más importante de una compañía».

—¿Por qué?

—Básica y sinceramente, porque no es verdad.

Fernando se tomó tiempo para escuchar con atención lo que Beatriz tenía que decirle. Esa reacción instantánea parecía estar muy madurada en su interior.

—La mayor parte de las empresas mueren prematuramente, es decir, quiebran o son compradas, precisamente por la creencia errónea de que los Recursos Humanos son lo más importante. Una creencia que funcionó a lo largo del siglo xx, pero que es absolutamente obsoleta.

—Quien lo diría.

—Bueno, es que las empresas, como las personas, van con el «piloto automático». En las personas lo llamamos inconsciente; en las empresas, cultura corporativa, el modo de hacer las cosas.

—Entonces, ¿qué son los Recursos Humanos?

—Te acordarás, Fernando, de Frederick Taylor, un ingeniero resentido con aires de grandeza que inventó un sistema de métodos y tiempos al que llamó «organización científica del trabajo». Digo lo de resentido porque, como no podía hacer deporte en su etapa de estudiante, se dedicó a medir las actividades de sus compañeros cronómetro en mano.

—Sí, el taylorismo, una idea de principios del siglo pasado.

—De 1911, más exactamente. Taylor concebía la organización como una máquina con sus engranajes. Frente al taller, más artesanal, Taylor propuso contar con una serie de trabajadores que se dedicaran a medir los tiempos y resultados de los demás, el origen de los llamados «mandos intermedios». La supervisión es la frontera entre los que mandan, los jefes, los directivos, y los que obedecen, los curritos, los operarios. Unos están para pensar y otros, para ejecutar. En mercados de demanda creciente tras el colonialismo, el taylorismo triunfó, y de qué manera. Provocó huelgas, por supuesto, porque los trabajadores cobraban menos por su trabajo al reducir los costes de producción y nos llevó a dos guerras mundiales.

—No veo la conexión entre cómo se lleva una fábrica, o un negocio, y un conflicto a escala global.

—En primer lugar, déjame contarte en qué consiste el taylorismo para que veas cómo se ha instalado en nuestro inconsciente colectivo.

—Estupendo, Beatriz.

—Para simplificarlo mucho, Taylor propuso cuatro grandes principios: el análisis y planificación; la selección y preparación; la cooperación, y la especialización del trabajo. Ese sistema, con la practicidad anglosajona, conectó fácilmente con la filosofía alemana y con la burocracia como ideal, que había propuesto Max Weber cinco años antes, en 1906. Como sabes, la burocracia asume la división del trabajo en tareas rutinarias, bien definidas, con jerarquía de autoridad (una línea de mando absolutamente clara), selección del personal en función de sus habilidades, reglas y normas formales, impersonalidad (cuando no alienación, es decir, lo que se produce no refleja la personalidad de quien lo produce).

—Tenemos la metodología y la ideología.

—Exactamente. Solo faltaba ponerlo en práctica. El pensamiento weberiano y el modelo taylorista encontraron en Henry Ford el empresario ideal y en la producción del modelo T (un coche que «los clientes podían escoger de cualquier color, siempre que fuera negro») el supuesto éxito. En 1938, un año antes de que comenzara la II Guerra Mundial con motivo de la invasión de Polonia por los nazis, Henry Ford recibió la Verdienstorden vom Deutschen Adler, la Gran Cruz del Águila Alemana, la mayor distinción civil a extranjeros. Así se reconocía lo que el fordismo había hecho por el crecimiento de la industria bélica germana.

—Un sistema tremendamente eficiente.

—Al menos eso parecía. Aunque recordarás el efecto Hawthorne que comentamos en clase.

—La verdad es que no me acuerdo mucho.

—Elton Mayo fue un sociólogo y psicólogo social que en los años 20 hizo unos experimentos en la fábrica de Hawthorne, propiedad de la Western Electric, a las afueras de Chicago. Allí trabajaban operarias que montaban bombillas. ¿Qué pasaría con su productividad si la iluminación aumentaba o descendía? En cualquier caso, eran más productivas, porque independientemente de las condiciones lumínicas la variable más importante era que las trabajadoras se convirtieron en sujeto de estudio y, por tanto, eran tratadas con respeto. El efecto Hawthorne es la reacción que tenemos las personas a cómo nos tratan.

—Algo parecido al efecto Pigmalión.

—En cierto modo, sí.

—Pero lo de Recursos Humanos no lo inventaría Frederick Taylor…

—No, no lo inventó el malvado del ingeniero Taylor, sino un bondadoso filósofo que llegó a Estados Unidos desde Austria, el padre de la gestión empresarial, Peter Drucker. En un libro que se llama *La práctica del management* y que es de 1954. Como las organizaciones estaban basadas en recursos, junto con los recursos productivos, financieros o tecnológicos tenían que estar las personas, los recursos humanos.

—¿Por qué dices que Peter Drucker fue bondadoso?

—Porque, además de un gran pensador, Drucker fue un humanista que nos dejó frases inspiradoras como «la auténtica diferencia entre una organización y otra es el rendimiento de su gente» o «el mayor peligro en tiempos de turbulencia no es la propia turbulencia, sino actuar con la lógica del pasado».

—Como el taylorismo, por ejemplo.

—Así es. Phillip Brown, Hugh Lauder y David Ashton han llamado «taylorismo digital» a la división del trabajo y la separación entre quienes piensan y quienes ejecutan en las empresas tecnológicas. Nuevo envoltorio, viejas ideas.

—Entonces, muchas direcciones de Recursos Humanos, que debían ser adalides del trato respetuoso, de hacer equipo, del humanismo en la empresa, se han convertido en «guardianes del calabozo», en los más tayloristas de los tayloristas.

—¡Bingo! Con un discurso de vanguardia, los propietarios de las prácticas más caducas. Por eso, 50 años después de Drucker y su concepto, en 2005, la prestigiosa revista *Fast Company* tituló en portada «Por qué odiamos a los de Recursos Humanos». Por aquel entonces, una empresa de consultoría a la que tuve el honor de pertenecer y que ya no existe, HayGroup, elaboró un concienzudo análisis según el cual cuatro de cada diez empleados admiraban cómo sus compañías fidelizaban el Talento (para el 60 % no era así). Para el 41 % de los profesionales, las evaluaciones del desempeño no eran justas ni equitativas (estoy segura de que casi 20 años después, la cosa no ha mejorado mucho). Y solo el 58 % creían que la formación en la empresa era valiosa. En términos de gestión de las personas en la empresa, un verdadero desastre, admitámoslo.

—De ahí que la gran mayoría de las direcciones de Recursos Humanos que he tenido en las empresas que he liderado buscan notoriedad, ser «estratégicos», pero a la hora de la verdad o no saben del negocio o no piensan estratégicamente o no se involucran en las decisiones de marketing y ventas. Cuando están en los comités de Dirección, lo que ocurre en pocos casos, son los convidados de piedra. Me gustaría pensar que su aportación ha ido mejorando con los años, pero no estoy seguro. En sus asociaciones y convenciones, tras la pandemia, por ejemplo, suelen ser de lo más complacientes; internamente en la empresa, su voz se escucha muy poco. Hasta el punto de que muchas organizaciones, especialmente las de cierto tamaño, han preferido reclutar como directores de Recursos Humanos a gente del negocio y que se formen en el lenguaje y la metodología que enviar a los de Recursos Humanos de toda la vida al negocio, porque les suele faltar sensibilidad y capacidad.

—Si el artículo de *Fast Company* de 2005 ya era fuerte y debería haberse convertido en el revulsivo que no ocurrió, diez años más tarde la cosa se agravó. *Harvard*

*Business Review*, en julio de 2015, tituló en portada: «Es tiempo de volar a Recursos Humanos y construir algo nuevo». Era la constatación de que una función que prometía mucho desde los años 50 y que suele desempañar su papel en momentos de bonanza (entonces, las empresas sí están para hacer cosas bonitas como la formación, la evaluación, la promoción, la selección profesionalizada), en las situaciones de crisis como la del 2001 con el estallido de la burbuja, la del 2008 tras Lehman Brothers y la actual del coronavirus, hacen un papelón. Pensemos en los ERTE, en los ERE, en la atracción del Talento senior.

—Lo que has dicho, Beatriz, un papelón. En momentos que van bien las cosas, son los *happy flowers* que montan el espectáculo. Y cuando llegan las vacas flacas, los defensores del poder establecido y de las medidas más duras. Como dice el exministro y editor Manuel Pimentel: «Después de la lírica, viene la épica». Entonces, las direcciones de Recursos Humanos ni están ni se las espera.

—Entenderás por qué cuando en las presentaciones me dicen que me dedico «a los Recursos Humanos» me pongo de los nervios. Nada de Recursos Humanos. Personas con recursos, en todo caso.

—Imagino que esta función, que es esencial para nosotros los directores generales, sí tendrá algunos pensadores que la quieren poner en valor.

—Imaginas bien, Fernando. Los hay, y el principal de ellos Dave Ulrich, el profesor de la Universidad de Míchigan y autor de varios libros sobre el tema. Es el gurú de los Recursos Humanos por excelencia.

—¿Qué propone Ulrich?

—En un libro suyo de la década de los 90, *Recursos Humanos Champions*, plantea un modelo muy interesante. Dave Ulrich cree que la dirección de Recursos Humanos debe asumir cuatro roles: el de socio estratégico, el de agente del cambio (para la transformación de la cultura corporativa), el de experto en gestión (la administración de Recursos Humanos más convencional, desde la atracción y selección a la retribución y la desvinculación) y el de abogado de los empleados.

Fernando Tessen, en su calidad de CEO de una gran empresa, se dejó de palabras bonitas y repasó mentalmente su trayectoria profesional como director general.

—Beatriz, los cuatro roles son muy valiosos, si bien he encontrado pocos directores de Recursos Humanos, lo que ha sido en nuestro país siempre un jefe de personal, que tengan esos conocimientos y habilidades, por no hablar de la actitud. Suelen ser abogados o psicólogos que no han hecho programas de posgrado, que no tienen conocimientos ni experiencia ni estrategia, que no promueven la transformación cultural (en mi experiencia, por la mal llamada paz social, suelen compartir los más resistentes), que estén al día en las últimas técnicas de la gestión de personas (prefieren con frecuencia lo malo conocido) y que defiendan a los empleados en los momentos de mayor tensión. Me temo que el modelo de Ulrich quedó obsoleto antes de aplicarse, no porque no tuviera validez, sino porque no hubo coraje para implantarlo por parte de los propios interesados. Y de ahí su mala reputación.

—Estoy completamente de acuerdo, Y casi seguramente lo estaría contigo el propio Ulrich, que publicó años después *El cuadro de mando de Recursos Humanos* con sus colegas Brian Becker y Mark Huselid, aprovechando el tirón y la practicidad del *Cuadro de mando integral* (Balanced Scorecard) de David Norton y Robert Kaplan, dos expertos financieros que a mediados de los 90 habían conectado la perspectiva de formación y aprendizaje con la de procesos eficientes e innovadores, la de clientes y mercado y la de negocio en términos de facturación y rentabilidad, con indicadores clave (KPIs). En ese libro, Ulrich y compañía establecen los tres pilares de la misión estratégica de Recursos Humanos, el valor de la función como fuente de ventaja competitiva y los siete pasos para una gestión estratégica de Recursos Humanos. Modelo no falta. En la práctica brilla por su ausencia.

—Entonces, ¿qué está ocurriendo para que los CEO sintamos que no se cumplen las expectativas?

—Francamente, Fernando, yo llevo décadas y décadas animando a los directores de Recursos Humanos a que sepan de finanzas, a que hagan cursos de «finanzas para no financieros», a que dominen el lenguaje de los negocios para participar activamente en las decisiones estratégicas. Por supuesto, que conozcan de primera mano las herramientas como el Canvas, el *Cuadro de mando integral*, la cadena de valor, etc. Y que se familiaricen con el marketing y la comunicación, porque las herramientas para atraer y fidelizar a los clientes han de llevarlas sí o sí a la experiencia de Talento. Como decía Heródoto respecto a los médicos, «el que solo sabe de medicina, ni de medicina sabe», tendremos que aplicarlo a las direcciones de Recursos Humanos. El que solo sabe de Recursos Humanos, ni de Recursos Humanos sabe.

—Bueno, pues brindemos por los buenos, que los hay.

—Brindemos por ellos. Y cada vez son más necesarios. En términos dinámicos, hay buenas y malas noticias respecto al futuro.

—Todo tiene su cara y su cruz.

—Aunque la ortodoxia determina que empecemos por las buenas noticias, vamos a empezar por las malas. Una gran experta en Recursos Humanos (esta sí) y miembro activo de la SHRM (en inglés, la Sociedad para la Gestión de los Recursos Humanos), Susan Heathfield, se ha planteado si la función es el último bastión de la burocracia (2016). Como si tuvieran a Max Weber embalsamado, como la tumba de Lenin en la plaza Roja de Moscú. Todo bajo control.

—El brazo tonto de la ley, como Torrente.

—Más allá de la nómina, de la compensación extrasalarial, del convenio colectivo, de la negociación con los sindicatos y de los temas supuestamente más duros, o la función se transforma como socio estratégico, defensor del empleado y transformador en jefe (porque la transformación digital debe combinarse con la transformación cultural) o no tiene mucha razón de ser. Precisamente, el departamento de Recursos Humanos, junto con el departamento financiero, son los dos que más se van a automatizar en los próximos años. O aporta valor de verdad, desde el comité de Dirección hacia abajo, o se va a quedar en los huesos. No queda otra.

—Afortunadamente, también hay buenas noticias.

—Las buenas noticias vienen de la importancia decisiva del Talento, cada vez más escaso. Porque la supervivencia de las compañías depende de un concepto tan darwiniano como la selección natural, la necesidad de adaptación. Ya sabes, no sobrevive el más grande ni el más fuerte, sino el que mejor se adapta.

—Tengo entendido que la esperanza de vida de las compañías está disminuyendo a toda velocidad.

—Así es. En el último medio siglo se ha reducido a la quinta parte. De 70 años por término medio a 14 antes de la pandemia, y bajando. Además, como explica el economista belga Jack Eeckhout, en su libro *La paradoja del beneficio*, los gigantes tecnológicos, apenas unos 300 o 400 en el mundo empezando por las GAFAM (Google, Apple, Facebook, Amazon, Microsoft), han multiplicado por ocho su rentabilidad en los últimos años desde la década de los 80, porque la liberalización ha tenido el efecto de limitar el número de competidores, con incuestionables consecuencias sobre el empleo o la fiscalidad.

—Ya veo. Un buen profesional de Recursos Humanos no debería caer en la trampa de la dicotomía entre los empleados y la rentabilidad de la empresa: o ganamos dinero (valor para el accionista) o tratamos bien a los trabajadores (valor para el empleado). El valor para el accionista es consecuencia del valor para el empleado.

—Una conclusión muy poderosa. En fin, que hay una conexión evidente y poco practicada entre la función de Recursos Humanos y la sostenibilidad, no del planeta (que también), sino de la propia empresa. José Antonio Marina, de quien te he hablado antes, ha enunciado la «ley universal del aprendizaje», que es la siguiente: «Las personas, las organizaciones, las sociedades, para sobrevivir, tienen que aprender al menos a la misma velocidad con la que cambia el entorno. Y para progresar, a más velocidad». Cuestión de velocidad de aprendizaje.

—Hace pocos años se puso de moda en Estados Unidos el concepto de Chief Learning Officer, el responsable del aprendizaje de la organización en su conjunto. Era «jefe» (*chief*), formaba parte del C-Suite, del comité de Dirección. Precisamente porque si la empresa no aprende a la velocidad del entorno, de los mercados, no podrá seguir en pie. No sé en qué ha quedado esto.

—Fue un buen intento. Lo que pasa es que precisamente el futuro de la dirección de Recursos Humanos, de hecho, ya su presente, es precisamente ese. No hay que inventar nada nuevo, sino reconfigurar la función hacia lo estratégico, el aprendizaje corporativo.

—Hemos terminado la ensalada, tenemos varios platos por delante y te quiero preguntar muchas cosas, Beatriz. Entonces, ¿hemos pasado de los Recursos Humanos a la gestión de personas? ¿Las personas son lo más importante de una compañía?

—Pues tampoco, Fernando. Como sabes, la palabra «persona» proviene de una voz etrusca que correspondía a un personaje teatral. En latín, la «persona» era la máscara que utilizaban los actores en sus interpretaciones (las mujeres no pudieron subir a escena hasta 1560, con la Commedia dell'Arte). Las personas cumplen un rol social. La expresión «las personas son lo más importante de una compañía» tampoco es cierto del todo.

—¿Por qué, Beatriz?

—Porque hay personas que en la organización aportan valor al cliente y otras que no solo no aportan valor, sino que retiran valor, que lo reducen. Las personas nunca somos neutras al respecto.

—Es que precisamente la principal labor de unos buenos gestores de personas es discernir, discriminar qué empleados son los que aportan valor al cliente, para quedarnos con ellos, y qué otros restan valor, para prescindir de ellos.

Parecía que Fernando Tessen estaba pensando en alto y Beatriz escuchando con atención.

—¿Y cómo se les llama a las personas que aportan valor en las organizaciones, Beatriz?

—Talento, Fernando, Talento.

# LIBEREMOS EL TALENTO

El equipo de Dani García, que en el Four Seasons lidera Manuel Santos e Silva, en calidad de *general manager*, tras su paso por el Alma de Lisboa (un restaurante dos estrellas Michelin que a Beatriz le apasiona), iba retirando el primer plato y la velada daba paso a un nuevo directivo premiado, Fernando quería profundizar en el asunto. «¿Por qué pensaría que el *Talent Management* era una "maría" en aquel Executive MBA de Wharton?», se decía en su diálogo interior. «De muchos quebraderos de cabeza me habría librado».

—Pero esto del Talento no es nuevo, ¿no? Lo que pasa es que ahora está muy de moda. Todo el mundo habla de Talento, aunque no venga a cuento.

—Efectivamente, la guerra por el Talento la declararon tres consultores de McKinsey hace más de un cuarto de siglo, en 1997. Ed Michaels, Helen Handfield-Jones y Beth Axelrod se dieron cuenta de las enormes dificultades de sus empresas clientes y reflexionaron sobre ello poniéndole un nombre muy atractivo.

—¿Por qué lo dices?

—Porque «Talento», aunque es una palabra con más de 2.500 años de historia, no se aplicaba al entorno empresarial. Ellos la escogieron de *talent agent*, el agente artístico o literario, el representante de jugadores, el profesional que pone en valor al Talento. Porque las personas creativas suelen ser malas comerciales de sí mismas.

—Parece que 1997 era el momento justo.

—Así es, Fernando. En esa época, iniciada la segunda mitad de los 90, Daniel Goleman divulgó con gran éxito la *Inteligencia emocional*; Tom Peters, el megagurú que escribió *En busca de la excelencia*, lanzó el concepto de marca personal; Norton y Kaplan publicaron el *Cuadro de mando integral* que te he mencionado antes...

—Creo recordar que el 97 fue el año de *Titanic*, de la muerte de Diana de Gales, del retorno de Steve Jobs a Apple, de la devolución de Hong Kong a China, del aterrizaje del Pathfinder en Marte, de la gripe aviar, del protocolo de Kioto, del referéndum de Escocia, del fallecimiento de la madre Teresa de Calcuta, cuando el boxeador Mike Tyson le arrancó la oreja a Holyfield de un bocado, del juicio de O. J. Simpson, de *Parque Jurásico*, el primer libro de Harry Potter. Un año que, como veinteañero, viví con mucha intensidad con aquel posgrado. Sonaban los temas musicales de las Spice Girls, los Backstreet Boys, Oasis, Elton John, Shania Twain o el *I Believe I Can Fly* de la peli *Space Jam*, con Michael Jordan.

—Buena memoria. En el mundo de la empresa, el 24 de noviembre cayó la bolsa de Nueva York más de 500 puntos, Microsoft era la compañía más valiosa (cinco años antes, había superado a General Motos, en el comienzo de la tercera Revolución Industrial), como has dicho, de la vuelta de Steve Jobs a Apple (diez años más tarde lanzarían el iPhone), de Stiglitz como economista jefe del Banco Mundial, de la fundación de Netflix, del registro de Google.com, de la compra de Digital por Intel y de Hotmail por Microsoft, de la salida a Bolsa de Amazon. Si hubiéramos invertido en ese momento 1.000 dólares en la compañía de Jeff Bezos, hoy tendríamos más de 1,2 millones, un crecimiento de 1.200 veces. El mundo se estaba preparando para el siglo XXI.

—Obviamente, no lo veíamos venir.

—No. Desde 1997 a 2007, con el segundo mandato de Clinton y los de W. Bush, se produjo lo que Alan Greenspan, el que fuera presidente de la Reserva Federal, llamó «exuberancia irracional», inflar la burbuja de las «.com» (hasta 2001) y de la banca a través de las hipotecas a los NINJA, a las personas sin ingresos ni empleo ni activos. ¿Te acuerdas?

—Claro que sí. Una década que fue una locura. Y en nuestro país, como dices tú, apoyo de la Unión Europea, entrada masiva de capitales, préstamos bancarios a gogó. «España es el país del mundo donde más rápido puede uno hacerse rico», dijo el que fuera superpoderoso ministro de Economía Carlos Solchaga.

—¿Quién se iba a preocupar del Talento con tanta generación de riqueza, en esa década prodigiosa? Nuestro país en esos diez años había creado uno de cada tres empleos de la Unión Europea, por la pujanza de la construcción. Ni entonces ni tras la crisis de 2008, cuando estallaron a la vez cuatro burbujas: la crediticia, la inmobiliaria, la demográfica y la de ingresos públicos, como explica el economista Josep Oliver en su libro sobre esa crisis.

—Pero volvamos al Talento, por favor. Me decías que es un término de hace unos 2.500 años.

—Sí, creado por Arquímedes de Siracusa, uno de los mejores matemáticos de todos los tiempos.

—Un tipo STEM, que diríamos ahora.

—Efectivamente. Arquímedes fue un científico, físico, matemático e ingeniero sin igual en la época. Realizó enormes descubrimientos sobre mecánica de fluidos, entre ellos, el principio de Arquímedes.

—Fue Arquímedes el de «dadme un punto de apoyo y moveré el mundo».

—Efectivamente, Fernando. La palanca.

—Todavía me acuerdo del principio de Arquímedes: «Todo cuerpo sumergido en un fluido experimenta un empuje vertical y hacia arriba igual al peso de fluido desalojado». ¿Eso qué tiene que ver con el Talento?

—Arquímedes creó «tálanton», la balanza para medir el peso de las cosas. Un nombre que dio lugar a una moneda con la que, en la época de Alejandro Magno, se podía comprar una casa, el «Talento», presente en la parábola del Nuevo Testamento.

—Ah, sí. «Porque a todo el que tiene, se le dará y le sobrará. Pero al que no tiene, se le quitará hasta lo que tiene». El siervo con cinco Talentos que convierte en diez es premiado; al que su amo le dio un Talento y lo enterró, se lo quitó. Hay que invertir bien. Entonces el Talento es inteligencia, lo propio de las personas inteligentes, la capacidad…

—Así lo define el *Diccionario de la lengua española*, como inteligencia, como persona inteligente. Pero me parece una definición incompleta. Nuevamente, me gusta la definición de José Antonio Marina, en su libro *Objetivo: Generar Talento*, de 2017.

—Para Marina, ¿el Talento no es una inteligencia?

—Claro que sí. Es una inteligencia que debemos calificar. Es una «inteligencia triunfante», una inteligencia en acción, que dirige el comportamiento hacia lo plenamente humano: la libertad, la dignidad y la felicidad.

—Bonito. Lo veo. Pero entonces solo podemos ver el Talento *a posteriori*, cuando ya ha pasado.

—Marina nos explica que el Talento es una inteligencia con cuatro características. La primera, que elige bien las metas.

—¿No hay Talento sin metas adecuadas? ¿Qué pasa con la gente que vive al día, partido a partido?

—Que puede estar dando vueltas en círculos o que desaprovecha su Talento. Como un alumno muy inteligente que tuvo el profesor Marina en el instituto y que acabó en la cárcel porque se aburría en clase y montó una pandilla de delincuentes, hasta que les pillaron.

—En este país de la picaresca, hay gente que se pasa de listilla.

—Pero no de inteligente. Por eso hay que elegir bien las metas. La segunda cualidad del Talento es que sabe manejar la información.

—Bueno, para eso están el Big Data y la inteligencia artificial.

—Para convertir los datos en información, sí; para decidir por nosotros, no, al menos en los próximos 20 años. Cuidado con engañarnos, como pretenden algunos tecnólogos.

—¿El tercer criterio?

—El tercero es gestionar las emociones, precisamente la inteligencia emocional que es más del 90 % del liderazgo.

—¿Y el cuarto?

—Uno que me gusta especialmente: practicar las virtudes de la acción. Lo que Fernando Botella llama «el factor H»: el de «hacer».

—¿Virtudes en qué sentido?

—Virtudes como valores vividos, no solo como valores enunciados. Los valores que no son virtudes generan cinismo. José Antonio Marina culmina esta espléndida definición, que todos los CEO deberíais tener muy presente para conseguir el éxito de vuestras empresas con la certeza de que «el Talento va después de la educación, no antes» y que «es el acto de invertir bien la inteligencia».

—Bueno, los que tenemos bagaje financiero sabemos invertir bien. Distinguimos un gasto de una inversión, favorecemos la libertad financiera, calculamos el ROI…

—Respecto al capital, por supuesto. ¿Y respecto al Talento? La historia occidental ha vivido 500 años de capitalismo, desde los Médici en Florencia y el descubrimiento de América. Sin embargo, hemos entrado en una era, «el talentismo», en la que el Talento es más valioso y escaso que el capital. Y ese tema, la gestión del Talento, no es un tema exclusivamente de Recursos Humanos.

—Como hemos visto.

—Como espero haberte convencido. El Talento marca la diferencia entre las empresas que triunfan y las que desaparecen. Es curioso que las tecnológicas, especialmente las nueve gigantes (como las llama Amy Webb), las GAFAM (Google, Apple, Facebook, Amazon y Microsoft), IBM y las tres compañías chinas (Alibaba, Tencent y Baidu), insisten en que su vulnerabilidad no está en la propia tecnología, sino en atraer y fidelizar a los mejores profesionales.

—Lo que pasa, Beatriz, es que el Talento te engaña mucho. Hay cada pieza que parece una perita en dulce en las entrevistas y luego no cumple las expectativas…

—En primer lugar, todo directivo de cierto nivel debería saber de qué se compone el Talento.

—¿De qué se compone? ¿No es la capacidad para hacer algo?

—Dave Ulrich, del que ya te he hablado…

—Sí, el gurú de los Recursos Humanos —Santabárbara miró a Fernando Tessen «en plan profe» para que no le interrumpiera en la exposición.

—Dave Ulrich definió el Talento como capacidad por compromiso. Un activo multiplica al otro.

—Entendiendo capacidad por…

—Capacidad es la aptitud con «p», la combinación de conocimientos, lo que una persona sabe, con las habilidades, lo que una persona es capaz de hacer si quiere, junto con la actitud con «c», los comportamientos.

—Vale, aptitud más actitud. Y entonces el compromiso es…

—El compromiso es la energía que le ponemos a lo que hacemos. De hecho, cuatro energías: la energía física, la emocional, la mental y la de valores o espiritual.

—Valores vividos, que son virtudes.

—Cierto. Los valores no vividos son lo que se pone en las paredes de las empresas y suele cabrear a los empleados porque no son hábitos cotidianos.

—Estupendo.

—Sin embargo, la definición de Ulrich también me parece incompleta.

—No me digas, Beatriz.

—Es la diferencia entre lo puramente académico y la práctica empresarial de décadas. Desde mi humilde punto de vista, a la definición de Talento le falta una tercera «c».

—Que es...

—La «c» de contexto. El Talento es inteligencia contextual. Habrás tenido colaboradores con Talento en términos de capacidad y compromiso, que habían triunfado en otras empresas (por eso les fichasteis) y no tuvieron éxito en la tuya, o al revés, sorpresas inesperadas.

—Exactamente. Yo diría que el 80 % de los problemas que hemos tenido de selección de personal han sido por falta de encaje. Gente preparada y con ganas, sin ninguna duda, pero que no se hacen a la empresa.

—El contexto que determina si tienes Talento o no son básicamente cuatro variables.

—Otras cuatro, como los Beatles, como los evangelistas, como los cuatro fantásticos.

—Sí. La cultura corporativa, que suele definirse como «el modo en que hacemos las cosas aquí». El clima laboral o ambiente de trabajo. El grado de cooperación, de trabajo en equipo o de individualismo. Y la compensación, especialmente, la no retributiva.

—Se supone que los planes de acogida, o de *welcoming* como decimos ahora, sirven para eso, para que los profesionales encajen tras ser contratados.

—No exactamente. Si la cultura, el clima, la cooperación y la compensación no encajan con el profesional recién fichado, la cosa no va a funcionar.

—Pues sí que es complicado.

—Más bien, complejo. Cuestión de diez variables, dos de capacidad, cuatro de compromiso y cuatro de contexto. Por eso, cuanto más me dedico a la gestión del Talento, y ya son más de tres décadas y media, más respetuosa soy con los procesos de selección. Tenemos que dejar que lo hagan auténticos profesionales en selección por valores.

—Me imagino que aquí, en ese país, no lo hacemos especialmente bien.

—En nuestro país seleccionamos aún peor de lo que imaginamos. Según los índices de competitividad internacional del Foro Económico Mundial, España es el país n.º 116 del mundo en selección y desvinculación.

—Horroroso.

—Así es. Y con la excusa de la crisis, la cosa se puede poner peor.

—Beatriz, siempre he tenido una duda con esto de lo que llamas Talento. Las personas tenemos que ser humildes, entonces, ¿no deberíamos ocultar nuestro Talento, no hacer ruido cuando lo hacemos bien?

—Nuestra cultura está confundida respecto a la humildad y el Talento. Humildad, que es una virtud, proviene de *humus*, la tierra orgánica, la que se cultiva. Porque el Talento, como las plantas, se cultiva. Por tanto, las personas humildes son las que aprenden constantemente, las que no van de soberbias, de superiores a las demás.

—Bien, entendido.

—El Talento es poner en valor lo que sabemos, podemos y queremos hacer. Por tanto, desde el sano orgullo, debemos mostrar aquellos dones en los que destacamos y con los que podemos servir a la comunidad. Con la humildad de seguir aprendiendo.

—Esto de poner en valor se repite mucho últimamente.

—Ya, generalmente, sin sustancia. Porque *valor* quiere decir tres cosas: coraje, principios y expectativas. El valor como coraje, como valentía, es hacer lo correcto más allá de los miedos. Los valores como principios, como nuestra guía de actuación, lo que consideramos importante. Y el valor como lo que el cliente espera de ti. Ponernos en valor es lograr una expectativa muy favorable por parte del cliente; la excelencia, desde Aristóteles, consiste en superarla.

—Entendido, Beatriz.

—Por eso un cómico con una larga trayectoria profesional, Steve Martin…, ¿te suena?

—Claro que sí. Me encanta una película suya en la que hacía de Cyrano de Bergerac.

—Sí, con Daryl Hannah, la sirena de *1, 2, 3 Splash*.

—Creo que otras películas suyas son *El padre de la novia* y *¡Tres Amigos!* Y era el inspector Clouseau en las pelis de *La pantera rosa*.

—Exacto. Bueno, pues de Steve Martin es una frase que puede hacernos pensar: «Sé tan bueno que no puedan ignorarte».

—Ya, pero no es fácil.

—Nadie ha dicho que lo fuera. El Talento está en la intersección de lo que los japoneses llaman el *ikigai*, «la razón de ser».

—¿A que me vas a decir que son cuatro conceptos?

—Efectivamente. De la pasión, la vocación, la misión y la profesión. De lo que nos gusta por encima de todo, de aquello que más nos llama, de aquello que se nos da bien (para lo que valemos) y que podemos monetizar, con lo que podemos ganarnos la vida. Si falta pasión, vocación, misión y/o profesión, nuestro Talento está incompleto y no brilla.

—Imagino que el Talento, visto así, determina nuestra empleabilidad.

—Que tampoco es lo que solemos imaginar que es. Pero esto lo hablaremos, si te parece, con el siguiente plato.

# EMPLEABILIDAD, «APRENDIBILIDAD» Y BIENESTAR

El equipo de Dani García comenzó a servir con meticulosidad de ballet ruso la calabaza con pipas caramelizadas. Rodajas de calabaza asada con queso feta, desgranado, regado con vinagre y pasas, coronado con hojas de rúcula y espinacas, aderezado con vinagreta y decorado con pipas de calabaza y chips (calabaza deshidratada).

«¡Qué presentación tan exquisita y qué aspecto tan saludable tiene!», comentaron los comensales. Dar calabazas en la mesa de TALENTO era una metáfora realmente irónica.

—Beatriz, te quiero preguntar por la empleabilidad. Porque en momentos de crisis, como dijo Einstein, la imaginación es más importante que el conocimiento, y de esta solo podremos salir medio bien si nuestros compatriotas son empleables. Y muchos no lo son.

—Situemos bien el concepto de empleabilidad. Tiene un padre conceptual, el difunto profesor Sumantra Ghoshal, que nos dejó en 2004 y fue docente tanto de la London Business School como del INSEAD en Fontainebleau. Y un año…

—¿No me digas que fue 1997?

—Admiro mucho a los directivos intuitivos como tú, Fernando. Sí, en 1997.

—Nada es casual.

—Yo también lo creo. El caso es que el profesor Ghoshal definió la empleabilidad como «la capacidad para generar un empleo por cuenta propia o realizar con éxito un trabajo por cuenta ajena». Algo sencillo de entender.

—Claro, la empleabilidad es cuestión de Talento. De conocimientos y habilidades, de actitudes, de compromiso. Es lo que nos hace empleables y lo que echamos a faltar en los candidatos que no lo son.

—Sumantra Ghoshal ha pasado a la historia de la dirección de empresas no tanto por su concepto de empleabilidad, sino por su idea de «el olor del lugar».

—¿El olor del lugar? *The smell of the place?*

—Efectivamente, Ghoshal había nacido en Calcuta y decía que muchas empresas «huelen» como su ciudad natal en pleno verano, de forma asfixiante, en tanto que las mejores lo hacen como Versalles en primavera.

—Nos podemos hacer una idea.

—Las empresas malolientes se basan en el constreñimiento, el control, el mero cumplimiento y las obligaciones contractuales. Las empresas cuya fragancia inspira, se expanden (animan a que cada profesional dé su mejor versión), fomentan la responsabilidad (la autodisciplina), buscan el apoyo y la colaboración y, más allá de los contratos, muestran lo que el maestro José María Gasalla denomina «dirección por confianza».

—Recuerdo a lo largo de mi trayectoria profesional cuando los *headhunters* «me vendían la moto» de una empresa modélica que luego era un asco. No veía el momento de irme.

—Tu responsabilidad como CEO es comprobar a qué huele tu empresa. Como te puedes imaginar, la empleabilidad es dinámica. Se obtiene, se mantiene, progresa.

—Ya veo la relación entre empleabilidad y tener un trabajo.

—Permíteme que sea un poco más precisa, Fernando, porque no es lo mismo empleo que trabajo.

—Ah, ¿no? Yo pensaba que empleo y trabajo eran sinónimos. De hecho, unas veces el ministerio se llama de Trabajo y otras de Empleo.

—Pues no lo son. Trabajo procede de *trepalium*, instrumento de tortura, de tres palos, del Imperio romano. El trabajo siempre ha sido la tortura de quienes necesitaban recursos.

—Por eso dicen que, si nos gustara, no tendrían que pagarnos.

—El empleo es implicarnos en nuestro Talento, poner toda la carne en el asador. Algo que, aunque nos tocara la lotería, seguiríamos realizando.

—Te confieso, Beatriz, que a mí me gusta tanto lo que hago que lo haría gratis.

—Y a mí, Fernando, y a mí. Pero no es lo normal, desgraciadamente. A estas alturas de la cena, seguro que tienes claro que la gran pregunta del Talento es: «Talento, ¿para qué?». Todos tenemos Talento para algo, la mayoría no descubre nunca para qué lo tiene.

—Me acabas de recordar a esos deportistas de élite, maravillosos en lo suyo, a los que contratamos para dar una conferencia en nuestras convenciones de la empresa. La gente está encantada, se hace fotos, lo cuenta en casa, pide autógrafos… y sufre de lo lindo en la propia conferencia, porque no son oradores profesionales y aburren a las ovejas. Zapatero a tus zapatos.

—Howard Gardner, el catedrático de Harvard que creó el concepto de inteligencias múltiples, describió en su libro *Mentes creativas* los Talentos de siete genios que bien pudieran haber coincido en la Suiza de entreguerras: Sigmund Freud, Albert Einstein, Pablo Picasso, Igor Stravinsky, T. S. Eliot, Martha Graham y Mahatma Gandhi. Exponentes de las inteligencias intrapersonal, lógica, visual, musical, literaria, corporal e interpersonal, respectivamente. Pero un desastre en lo tocante a la inteligencia en la que destacan los demás.

—Como dice mi madre para bajarme los humos, «tan listo para unas cosas y tan *toooonto* para otras».

—Así es el Talento. Va repartido. Hay dos conceptos nuevos que están transformando la empleabilidad y que debes conocer: el *job crafting* y el *job hopping*.

—Suenan bien, así en inglés.

—El *job crafting* es la necesidad que tiene el Talento de modelar su propio empleo, en términos cognitivos (de pensamiento), relacionales, de desarrollo y del entorno. Influye mucho en la motivación y el compromiso.

—Estupendo. No sé cómo nuestro director de Recursos Humanos no nos habla de estas cosas. Más bien creo que le gusta estandarizar.

—El *job hopping* es la imperiosa necesidad que tienen los *millennials*, menores de 40 años, y sobre todo los *centennials*, la nueva generación que se incorpora a las empresas, de saltar de una compañía a otra en un par de años para aprender más y mejor. O les convencéis para que se queden o se van por las buenas.

—¡Qué dinámico es esto del Talento!

—Te vas haciendo una idea. Por eso, Carol Dweck, catedrática de Psicológica social de la Universidad de Stanford, dice que el Talento es cuestión de mentalidad, de *mindset*. Muchos creen en la mentalidad fija, del Talento que tienes o no tienes, sin más. A estas personas no les gusta las pruebas, las mediciones. Por ejemplo, todos esos CEO que creen, aunque no lo digan, que no necesitan *coaching* porque ya han llegado a la cima. No es casualidad que cada vez los primeros ejecutivos estén menos tiempo en su responsabilidad. Como el Talento es dinámico, la mentalidad que funciona es la de crecimiento, la de seguir avanzando. Un entrenador te ayuda, si lo haces bien, a hacerlo cada vez mejor.

—La mejora continua es incompatible con una mentalidad fija de Talento, está muy claro.

—Sin embargo, en la práctica del día a día, la mentalidad fija es la que se impone mayoritariamente. Vales o no vales, en lugar de vas valiendo.

—Me gusta esa frase de Satya Nadella, el CEO de Microsoft que lo está haciendo tan bien. Él dice que su empresa no quiere a los sabelotodo, sino a los «aprendelotodo», a la gente con curiosidad, con indagación, que no para de aprender.

—El concepto de *learnabilty*, de «aprendibilidad», que presentó mi amiga Mara Swan en el Foro de Davos hace pocos años. La voluntad y capacidad de aprender.

# APRENDER DE LA PANDEMIA, CON LUCES LARGAS Y LUCES CORTAS

—¡Cuánto se habla de aprender en foros como estos y qué poco se ve en la empresa!

—Aprender es ser consciente para ser competente, Fernando. Ser conscientes nos cuesta porque cada segundo recibimos unos once megas (11 millones de bytes) de información inconscientemente y utilizamos solo unos 40 bytes de información consciente. Una proporción de 250.000 a uno entre la inteligencia computacional y la inteligencia ejecutiva. Para ser competente, como bien saben esos deportistas de éxito de los que hablaste antes, hace falta mucho esfuerzo, mucha repetición, mucho entrenamiento para generar automatismos, para llevar las prácticas deliberadas a hábitos inconscientes.

—Por ejemplo, ¿qué hemos aprendido del coronavirus, de esta pandemia?

—Pues mucho y poco, casi nada, a la vez. Algo sorprendente.

—Explícate, Beatriz, por favor.

—Los expertos, como el citado José Antonio Marina o la catedrática de Ética Adela Cortina, coinciden en que somos una sociedad muy acomodaticia y, por tanto, muy pasiva para el aprendizaje, en la que deberíamos estar siempre aprendiendo, pero tardamos mucho en hacerlo.

—No estoy muy seguro de ello.

—Te voy a poner un par de ejemplos. La mitad de la población española señala en las encuestas sin el menor pudor que no lee ni un libro al año. Esto es grave, porque según los informes de PISA (siglas en inglés del Programa de Valoración Internacional de Estudiantes), el gran predictor de un buen rendimiento educativo es tener libros en casa. La mayor parte de quienes no leen alegan falta de tiempo. Llega un confinamiento que triplica una cuarentena y ¿ha aumentado el número de lectores? No, padre.

¿Ha habido durante el estado de alarma más personas que han adelgazado, aprovechando el tiempo disponible o que se han dejado llevar y han engordado? Más de la mitad de las personas ha cogido peso. ¿Y entre las personas con sobrepeso? ¿Han aprovechado la pandemia para quitarse kilitos? Todo lo contrario. Tres de cada cuatro tienen más peso que antes de la llegada del coronavirus a nuestras vidas.

Sin embargo, la historia de la humanidad es, y no nos lo habían contado hasta ahora, la historia de las pandemias. La gripe Antonina, en el siglo II d. C, tuvo repercusiones religiosas, económicas, sociales y políticas que derivarían en la caída del Imperio romano. La pandemia de Justiniano en el siglo VI supuso el cambio de la Baja a la Alta Edad Media. La peste negra de 1347, que narra Boccaccio en su libro *Decamerón*, dio paso al Quattrocento y, por tanto, al Renacimiento. El siglo maldito, el del Barroco, con pandemias y catástrofes climáticas, provocó la Ilustración. Y en el siglo pasado, la mal llamada «gripe española» determinó el fin de la I Guerra Mundial y el dominio estadounidense frente al británico. No ha habido cambio de poder en el mundo sin una pandemia que lo acelerara.

—Me has dejado perplejo.

—Y así vamos, en este capitalismo de vigilancia que puede, como en la República Popular China, combinar el libre mercado con una dictadura comunista. En la década de los «nuevos años 20», China se impondrá como poder hegemónico sin que Estados Unidos pueda evitarlo. Y pretenderá que la armonía confuciana se lleve por delante, si no logramos cambiar el curso de las cosas, nuestra idea de libertad. A esto me refiero con luces cortas y luces largas, como las de un vehículo.

—Lo que pasa es que esta es la sociedad de la gratificación instantánea, no la de la paciencia y el esfuerzo disciplinado.

—Esa es precisamente la causa de su decadencia. Arthur C. Clarke, considerado el padre de la ciencia-ficción…

—De joven leía mucho a Arthur C. Clarke. *Odisea espacial*, que en realidad es una tetralogía que comienza con 2001, *Cita con Rama*, los relatos cortos…

—Respecto a la tecnología, Clarke escribió que la sobreestimamos a corto plazo y la subestimamos a largo plazo. Me temo que lo mismo nos ocurre con el aprendizaje.

—Bueno, pero al final una crisis es una crisis. La del coronavirus tuvo una caída de la demanda muy abrupta, por estar confinados, y tendrá una recuperación muy rápida.

—No estés tan seguro, Fernando. A diferencia de la crisis de 2008, que produjo el estallido de la burbuja financiera, la iniciada en 2020 es una crisis cuádruple, una «tetracrisis». Sanitaria, con millones de muertos en el mundo; medioambiental, porque la catástrofe climática es irreversible; económica y social.

—Yo me refería a la parte económica.

—Las cuatro crisis están relacionadas, no puedes desligar una de otra. Respecto a la crisis económica, la gran diferencia es que la de 2008 se resolvió con deflación social, reduciendo los salarios reales de los trabajadores. Y la de 2020 se pretende resolver con ayudas, reduciendo (al menos en el primer año y medio) los beneficios del capital. Necesitamos considerar las cuatro crisis simultáneamente y tener siempre en cuenta las cuatro fuerzas determinantes de los mercados, presentadas en Davos hace algunos años.

—Que son…

—la GTCT; la globalización, la tecnología, los clientes y el Talento.

—Bueno, Donald Trump como presidente de los Estados Unidos pretendió con aranceles limitar el comercio.

—Y consiguió durante su mandato que la deuda estadounidense con la República Popular China aumentara un 70 %, nada menos.

—Respecto a la tecnología, la IV Revolución es la convergencia de todas ellas.

—Con consecuencias inimaginables. ¿Podíamos pensar que una compañía como Zoom, fundada en 2011 por Eric Yuan (que trabajaba anteriormente en Cisco Systems), valdría más que las siete principales líneas aéreas del mundo juntas? ¿O que Amazon pudiera comprarse la Metro Goldwyn Mayer después de que su principal accionista, Jeff Bezos, sea el dueño del Washington Post?

La pandemia ha transformado tanto la orientación al cliente como la gestión del Talento. Las GAFAM valen, conjuntamente, unas cuatro veces el producto interior bruto (PIB) de España y superan el de Alemania (son la cuarta parte del PIB de EE. UU., un tercio del PIB de China y la zona euro). Google posee una cuota de buscadores por encima del 87 %; Amazon, más de 200 millones de suscriptores del Prime; Facebook, una audiencia del 62 % en móviles; la marca Apple vale 612.000 millones de dólares, y Microsoft domina el 73 % del mercado de los sistemas operativos.

—Volviendo al aprendizaje y al Talento, quería preguntarte por la consciencia, por el ¡eureka!, por el umbral de consciencia.

—Interesante pregunta. El Talento es, lo hemos comentado antes, inteligencia en acción. Y la inteligencia funciona en dos pisos: Daniel Kahneman, el premio Nobel, lo llama sistemas A y B o «pensar rápido y pensar despacio». Mi querido José Antonio Marina lo llama inteligencia generadora (el piso de abajo, que no descansa nunca, estemos despiertos o dormidos, recibiendo estímulos, interpretándolos, relacionándolos, almacenándolos) e inteligencia ejecutiva (el piso de arriba, donde se toman decisiones, se hacen planes y se actúa). El umbral de la consciencia es el paso de un piso al otro.

Te recomiendo un libro titulado *La consciencia humana*, del catedrático de Fisiología José Enrique Campillo, Premio Nacional de Investigación. En él nos dice que la consciencia humana es el fenómeno más fascinante del universo, del que todavía se desconocen sus bases biológicas. Posee cinco características, según William James, el padre de la Psicología: intimidad, cambio (la consciencia es dinámica), intencionalidad (no divaga), continuidad (puede desplazarse a voluntad hacia el pasado o hacia el futuro) y selectividad (opera en función de prioridades).

—Cuanto más lo pienso, más me maravilla.

—Todos los animales mamíferos muestran emociones, lo que les moviliza, pero solo los humanos tenemos sentimientos. Como nos ha enseñado el neurólogo António Damásio, los sentimientos están en el teatro de la mente y son fruto de la consciencia. Gracias a ella, las personas nos reconocemos, nos sabemos mortales y, sí, aprendemos de una manera especial. Entre sus grandezas están la empatía, el altruismo, la compasión y, por supuesto, el amor. Pero también la crueldad y tal vez la transcendencia espiritual. Gracias a la consciencia, el cerebro de los seres humanos es una especie de ordenador cuántico.

—¿Por qué no surge el ¡eureka!, el ascenso de un piso de la inteligencia al otro, a voluntad?

—Me temo que todavía no lo sabemos. Sabemos que puede ocurrir, pero no cuándo. Es un misterio.

Mi amigo David Serrato, asesor de vida consciente, define la consciencia como el conocimiento de nosotros mismos en relación con nuestro entorno y nos recomienda una docena de actividades para ese ascensor que tú dices entre la mente concreta y la mente abstracta:

1. Las preguntas existenciales
2. El arte y la creatividad
3. Las aficiones
4. La meditación
5. La actividad física
6. La música
7. El contacto con la naturaleza
8. El servicio: ayudar a los demás
9. Viajar
10. El contacto social
11. El silencio y la soledad
12. Enfrentarse a los problemas desde la espiritualidad

Fernando Tessen tomó nota en su móvil de las doce actividades. «¡Qué cosa tan útil!», pensó mientras apuraba la calabaza con pipas caramelizadas. Beatriz le dejó un tiempo en silencio.

—Como CEO de tu empresa, te animo a ser un «aprendívoro», como dice el antropólogo Santiago Beruete, autor de un libro con este título sobre el cultivo de la curiosidad. Una organización solo puede aprender al ritmo del entorno si cuenta con un primer ejecutivo que aprende de forma voraz.

Henry Kissinger, que ha trabajado codo a codo con cuatro presidentes de los Estados Unidos, comentaba en cierta ocasión que, una vez llegados al cargo de «persona más poderosa de la Tierra» ya no aprendían nada. Que no te ocurra eso como consejero delegado. Potencia tu mente, expándela desde el aprendizaje y la mejora continua.

# POSTURA ANTE LA VIDA Y ENERGÍA

Llegó el momento del solomillo de atún de almadraba, una de las especialidades de la casa. Llamamos atún rojo de almadraba al que es pescado con una técnica artesanal que consiste en instalar un laberinto de redes para cuando los atunes migran desde el Atlántico al Mediterráneo y viceversa. El atún rojo es un producto muy sano, bajo en calorías, rico en proteínas, poderoso en vitaminas y en omega 3, así como en grasas DHA, que reducen el colesterol. Una delicia para los sentidos.

Estaban a mitad de la cena, mientras los premiados seguían recogiendo sus galardones y compartiendo alocuciones («lo bueno, si breve»). Fernando Tessen tenía muchas preguntas que seguir formulando a su compañera de mesa respecto a la gestión del Talento.

—Beatriz, ahora se dice mucho que lo importante es la actitud de los empleados, que tengan la mejor actitud. Recuerdo a un veterano empresario que decía que la gente tiene ganas, pero en la empresa se las aguanta. ¿Tú qué opinas sobre eso?

—Opino que el tema de la actitud se suele frivolizar y debemos ponerlo en contexto. Me explico. Actitud es un término que proviene del italiano *attitudine*, que es la «postura», la postura ante la vida. Puedes ir de víctima, que a muchos les vale, o de responsable. Con responsabilidad, capacidad de respuesta. Evidentemente, esa es la actitud de las personas empleables.

—Entonces, ¿es más importante tener una buena actitud que la necesaria aptitud?

—Hacer que la actitud pese más que la aptitud es uno de los errores más comunes de las empresas que gestionan mal su Talento, porque aptitud y actitud están en planos diferentes. La actitud sin aptitud previa no sirve de nada.

—Explícate, Beatriz, por favor.

—Imagínate que mañana por la mañana tenemos que trasladarnos a Múnich. Contamos para ello con un candidato a piloto simpatiquísimo, atento, encantador, que no ha pilotado un avión en su vida. Y otro que es un borde, con su carnet de piloto en regla y cientos, si no miles, de horas de vuelo. ¿Por cuál de ellos optarías?

—Si pudiera, propondría a un piloto con experiencia que además estuviera orientado al cliente. En caso de tener solo a estos dos candidatos, me quedaría con el que ha demostrado sus conocimientos y habilidades.

—Por eso la aptitud viene antes de la actitud. Fernando, ¿has oído hablar del efecto Dunning-Kruger?

—Puede que sí. Te pediría que me refrescaras la memoria.

—El efecto Dunning-Kruger fue descrito en 1999 por dos psicólogos sociales, David Dunning y Justin

Kruger, que les hizo valer el premio Ig, que es como el Nobel de Psicología. Se trata de un sesgo cognitivo, de un atajo que utiliza la mente (en realidad, el piso de abajo, la inteligencia generadora) para tomar una decisión que no es lógica, un juicio que no es certero. En este caso, Dunning y Kruger se dieron cuenta de que muchas personas incompetentes sobre un tema tienden a sobrevalorar sus capacidades, en tanto que las personas que sí saben sobre un tema, que son verdaderas expertas, albergan dudas razonables. Este sesgo cognitivo, por cierto, se llama superioridad ilusoria.

—Mi madre diría: «Qué atrevida es la ignorancia».

—Así es. En esta sociedad del espectáculo, de la superficialidad, hay muchos «todólogos» que hablan de cualquier cosa sin haber estudiado en profundidad prácticamente nada, desde la política, la sociedad y la economía hasta el deporte.

—¿Cuál es la implicación de este efecto en una empresa como la que dirijo?

—Que no descuidemos la aptitud, los conocimientos adecuados. Últimamente escucho muchas tonterías en algunas empresas que desean parecer modernas y proclaman que «lo que sus trabajadores tienen que aprender ya se lo enseñarán dentro». Craso error, la aptitud siempre viene primero. Una empresa que no valora los conocimientos está condenada a la improvisación, a la chapuza y a su rápida desaparición. Un problema muy serio en un país como el nuestro que en general desprecia el Talento sénior, el de los profesionales de más de 50 años.

—Tomo nota.

—Y, por supuesto, que si la empresa es «demasiado dura con lo duro» será «demasiado blanda con lo blando».

—¿Y eso qué quiere decir, Beatriz?

—Que si pedimos demasiadas cosas respecto a la aptitud (cuantos más idiomas hable el candidato mejor, por ejemplo), no tendremos tantas opciones respecto a la actitud.

—Ah, ya lo veo. Que no seamos exigentes en exceso respecto a los conocimientos requeridos. Me imagino que, si en el otro extremo nos tomamos a la ligera la aptitud requerida, despreciamos en cierta medida al Talento sénior. Si pedimos demasiado (demasiada experiencia, por ejemplo) no ofrecemos oportunidades a los jóvenes, en un país como el nuestro, con una muy elevada tasa de desempleo juvenil.

—También en esto, en el equilibrio está la virtud.

—¿La actitud se puede medir?

—Te tengo que llevar mentalmente a aquellas clases de Wharton, Fernando. ¿Recuerdas quién era David McClelland?

—Ah, sí. El profesor McClelland, de Harvard, creo, era el padre de la motivación, superando la pirámide de Maslow.

—Bueno, complementándola, porque para McClelland no había «jerarquía» de necesidades, sino motivaciones de logro, de afiliación y de poder social o personal.

—Si no recuerdo mal, McClelland había demostrado que el cociente intelectual, si bien puede predecir el rendimiento académico, no predice el éxito profesional ni en la vida. Inventó la gestión por competencias, porque en cada perfil se necesita una serie de competencias, que son las cualidades de los más competentes.

—Muy bien. Los recuerdos los alberga la memoria. Pues las competencias son los ladrillos para hacer el edificio de la actitud.

—Las competencias, ¿qué tienen que ver con la inteligencia emocional?

—La inteligencia emocional es un concepto popularizado por Daniel Goleman, un discípulo de McClelland (él le dirigió la tesis doctoral), que explica la capacidad de gestionar las propias emociones y la relación con las emociones de los demás. Cada uno de los dominios de la inteligencia emocional está compuesto por competencias.

—Como por ejemplo...

—La autoconfianza, la serenidad, la orientación a resultados, la empatía o la influencia honesta son los cinco dominios. Y cada uno de ellos posee competencias como la iniciativa, el trabajo en equipo o el liderazgo. No te quiero liar mucho, Fernando, pero recuerda que no solo hay competencias emocionales, sino cognitivas, las de pensamiento: pensamiento analítico, pensamiento conceptual, pensamiento crítico, creatividad, etc.

—Ya veo que la actitud es inteligencia emocional.

—Pero no es la única. La actitud, como parte del Talento, es un triángulo compuesto por la inteligencia emocional, el lenguaje y la presencia.

—¿El lenguaje?

—Sí, el lenguaje que empleamos con nosotros y con los demás. Como suele repetir mi amigo el cirujano Mario Alonso Puig, si habláramos a nuestros amigos como nos hablamos a nosotros mismos, perderíamos su amistad. Te recomiendo leer a Luis Castellanos, también un gran amigo, experto en la ciencia del lenguaje positivo, algo que afecta al rendimiento, a la felicidad, a la salud incluso. Desde la Neurociencia, Luis y su equipo han probado su método en institutos y en conflictos bélicos con incuestionables resultados. Él cree, con razón, que llevamos siglos desde la filosofía hablando de felicidad, amor, bondad, generosidad y esperanza, pero es como si el lenguaje se hubiera deshidratado. Tenemos que volverlo a regar, evitando el sufrimiento a la gente. ¿Cómo hacerlo? Utilizando listas de comprobación de las palabras que empleamos (suelen ser negativas), creando una red de seguridad con el lenguaje, siendo conscientes de que el lenguaje nos delata, mejorándolo hasta convertirlo en un nuevo hábito.

—Fascinante.

—El poder de la presencia, el tercer vértice en el triángulo de la actitud, no lo es menos. Aquí tengo que referirme a Amy Cuddy, la profesora de Harvard que es la referencia en la comunicación no verbal. La Dra. Cuddy ha comprobado la relación entre las hormonas (básicamente, la oxitocina, u hormona del cariño, la testosterona, u hormona de la fuerza, y el cortisol, u hormona del miedo) y las posturas poderosas o de desgraciado.

Lo más interesante es que también funciona al revés. Si una persona cambia la postura, queda erguida, con los brazos en jarra, en plan Superman o Wonder Woman.

—Como una jotera, vamos.

—Exactamente. En un par de minutos, la persona eleva su oxitocina y testosterona hasta un 25 % y reduce el cortisol en la misma proporción. Impresionante. La postura, la presencia, puede significar hasta la mitad de la comunicación que emitimos.

—No sé si los profesionales que dirigimos las empresas, especialmente las grandes, estamos preparados en inteligencia emocional, en el lenguaje que empleamos, en nuestra presencia.

—Sabes que no. La actitud no se debería improvisar, debería trabajarse, debería entrenarse, como parte de la formación ejecutiva y del *coaching*, y no solo para hacer presentaciones más eficazmente, sino en el día a día de la empresa.

Fernando Tessen bajó los ojos en signo de aprobación. Y ya estaba mentalmente haciendo planes para implantar estas claves, empezando por el comité de Dirección.

—Has hablado también del compromiso. ¿Eso no es lo mismo que la actitud?

—No, Fernando. La actitud es, junto con la aptitud, parte de la capacidad. Y multiplica por el compromiso, que es la energía que le ponemos a lo que hacemos.

Fernando Insistió.

—La gente que tiene buena actitud muestra un compromiso muy serio con la empresa.

—No necesariamente. Hay profesionales muy competentes con un bajo nivel de compromiso.

—Explícamelo, Beatriz, por favor.

—El compromiso es la suma de cuatro energías: física, mental, emocional y espiritual o de valores.

—Entonces, cuando alguien dice eso de que el esfuerzo es más importante que el Talento...

—Con todo respeto, está diciendo una tontería. El esfuerzo, el compromiso, es tan integrante del Talento como la capacidad.

—Para mí, el compromiso tiene que ver con la motivación.

—Compromiso y motivación están conectados, pero no son lo mismo. La motivación es lo que nos mueve. Como ha demostrado Daniel Pink en *La sorprendente verdad sobre qué nos motiva,* un libro que recoge los últimos 50 años de investigación científica sobre el tema, nadie motiva a nadie.

—¿Cómo que nadie motiva a nadie?

—Nadie motiva a nadie. No existe la motivación extrínseca. La motivación o es interna, de dentro hacia fuera, o no es motivación.

—Entonces, ¿por qué tenemos ese empeño en motivar a los demás?

—Porque ignoramos los mecanismos de la motivación. Solo hay tres motivadores, que por supuesto son intrínsecos: el propósito, la autonomía y la maestría.

—¿Quieres decir que si desde Recursos Humanos no favorecen el propósito de la empresa, el empoderamiento y la formación, estamos desmotivando a nuestros trabajadores?

—Bueno, no es «desde Recursos Humanos», sino desde la Dirección, empezando por el CEO, una de cuyas prioridades debe ser la motivación y el compromiso de sus profesionales. Pero, efectivamente, el propósito, el empoderamiento y el aprendizaje son prioritarios para que las personas se sientan motivadas.

—Hablar de empresas con propósito está muy de moda en las conferencias empresariales. Y lo mismo el *empowerment*, el «empoderamiento». Por no hablar de que estamos en la sociedad del aprendizaje. De eso ya hemos hablado.

—Lo esencial, que es invisible a los ojos, como escribió Saint-Exupéry en *El principito*, es que la cultura corporativa refleje que la organización de verdad, y no de boquilla, esté guiada por un propósito, conceda autonomía a sus empleados (en un país como el nuestro, que suele tener jefes microgestores y controladores) y fomente seriamente el aprendizaje.

—Toda una transformación cultural. Como CEO, me encantaría que en nuestra empresa se viviera el propósito, se viviera de verdad, los mandos intermedios y los contribuidores individuales asumieran más responsabilidades y aprendieran más y mejor cada día.

—Solo de ti depende que eso ocurra. No de tu director de Recursos Humanos. Da ejemplo, reconoce y promociona a quienes lo hagan así, insiste una y otra vez en el mensaje. Como el umbral de la consciencia, no sabes cuándo, pero irá ocurriendo.

—Una transformación cultural no se logra de la noche a la mañana.

—Evidentemente, no. Pero si está bien diseñada, en mil días se puede lograr. No debería tardar más. La motivación es como el coche, que se mueve, y el compromiso, la gasolina que lo alimenta.

—Volvamos entonces al compromiso, que todo el mundo asume que brilla por su ausencia.

—Luego compartiremos algunos datos alarmantes al respecto, pero antes quiero comentarte las consecuencias de la falta de compromiso, lo que llamamos «el drenaje del Talento».

—¿El drenaje del Talento?

—Sí. Es la suma de cuatro pérdidas de Talento. La primera, respecto al compromiso como energía física, es el Talento exhausto.

—Puedo imaginármelo en estos tiempos de pandemia y teletrabajo.

—Son las adicciones, entre ellas el ser *workoholic* («curroadicto»), las enfermedades por agotamiento, las pocas horas de sueño, la falta de ejercicio, la mínima relajación, la mala alimentación.

—Te diría, Beatriz, que mucha gente a mi alrededor sufre de muchas de esas condiciones, sobre todo los que me reportan.

—Pues no les pidas, Fernando, que tengan la energía óptima.

—¿Y el resto del drenaje del Talento?

—En términos mentales, el Talento descentrado, con falta de foco. Por aburrimiento o por estrés, por quejas continuas, culpabilidad, enfados, pensamientos negativos.

—Lo mismo te digo.

—En lo emocional, el Talento desanimado, por necesidad de controlar a los demás, dependencia, derrumbe (*burn out*), miedo en exceso, luchas internas, incapacidad para gestionar adecuadamente las emociones (baja inteligencia emocional).

—Pues vaya. ¿Y qué falta?

—El Talento anómico.

—¿Anómico? No conocía esa palabra.

—La anomia es un estado de aislamiento de las personas como consecuencia de la incoherencia entre sus valores personales y lo que vive a su alrededor.

—Muy curioso.

—El Talento anómico, el drenaje de Talento por anomia en términos de valores ocurre por falta de disciplina personal (no terminar las actividades que uno empieza), falta de fe, desconfianza como actitud vital, una empresa sin propósito, mala gestión del tiempo.

—Ahora entiendo el grave problema de productividad que tenemos, como empresa y como sociedad.

—Se ha demostrado que las compañías con profesionales más comprometidos sufren menos de absentismo y de fugas de Talento y consiguen más innovación, mejor servicio al cliente, mayor facturación y rentabilidad.

—¿Cómo vamos de compromiso?

—Según los expertos como Gallup o Aon Hewitt, solo el 15 % de los empleados en el mundo tienen un alto nivel de compromiso. En Europa, el nivel baja al 11 %.

—En España, no quiero ni preguntar.

—Cinco puntos menos, el 6 %. Solo uno de cada 16 empleados está realmente enganchado al proyecto de empresa.

—¡Qué desastre! Esto, ¿por qué no lo sabemos los CEO?

—Los datos son públicos, pero a nadie le gusta dar a su jefe las malas noticias. Además, las encuestas de clima suelen «salir bien»; así, todos contentos.

—Entiendo tu ironía, Beatriz.

—Las mejores empresas para trabajar presentan datos mejores, qué duda cabe.

—¿Qué podríamos hacer?

—Silvia Damiano, la fundadora de About My Brain y referencia en neuroliderazgo, nos ofrece unos datos muy interesantes en su libro *Implícame*. Las personas más implicadas, más comprometidas, desempeñan su trabajo un 20 % mejor y tratan de abandonar la compañía un 87 % menos. Las oficinas con personas involucradas son no un 20 %, sino un 43 % más productivas. Tal es el poder de la sinergia respecto al compromiso.

—Me parece que los CEO debemos actuar. Se nos debe estar yendo la rentabilidad por el desagüe.

—Afortunadamente, Silvia Damiano también nos aporta soluciones en ese libro que te he mencionado. Es lo que llama «las 3 E», en inglés.

—Vaya, no son cuatro.

—No. Son tres: el disfrute (*enjoy*), el empoderamiento (otra vez) y la conexión emocional. Grandes palabras que debes lograr, como CEO, convertir en hábitos muy concretos.

—Eso de que la gente se divierta en la empresa, no sé yo.

—Es toda una transformación, sí. Divertirse trabajando es la clave de las empresas que enamoran. Sergio de la Calle, directivo de Recursos Humanos de una de las grandes empresas españolas de telecomunicaciones, ha escrito un libro que te recomiendo y que se llama precisamente así, *Divertirse trabajando*.

—Un directivo de Recursos Humanos de los buenos, seguro. Por cierto, te has pasado la noche recomendando libros.

—Es que los libros nos hacen libres. No tener tiempo para leer es como no tener tiempo para vivir. Me da pena que en general los profesionales de las empresas lean tan poco.

En fin, aunque parezca que el trabajo y la diversión se presenten como el agua y el aceite (casi el 60 % de los *centennials* sufren de *joy gap*, un abismo entre lo que esperaban y lo que padecen en la empresa en la que trabajan), cambiar la percepción respecto a la diversión, empezando por el CEO, es una cosa muy seria.

—¿No esperarás que ahora me dedique a hacer el payaso en la oficina?

—Claro que no. Como *coach* estratégica, a lo que te animaría es a que no dramatizaras sobre la condena que supone trabajar.

—Emplear mi Talento, perdona que te corrija.

—Así es, emplear tu Talento como directivo, como CEO. Y les inspires como líder a pasarlo lo mejor posible.

Divertirse trabajando es toda una experiencia de Talento, que se refleja después en la experiencia de cliente, con obvios resultados en la fidelización de este y la rentabilidad a través de la repetición de compra, renovación de productos y servicios y, sobre todo, referencia a terceros, directamente o a través de las redes sociales.

—Vale, lo de la diversión lo entiendo y estoy medio convencido de su valor, aunque me cueste un poco, Del empoderamiento y la autonomía ya hemos hablado. Pero ¿y la conexión emocional? ¿Qué quieres decir con eso?

—La conexión emocional es compartir el orgullo de pertenencia.

—Orgullo de pertenencia, ¿es lo de sudar la camiseta?

—Te has puesto irónico con el solomillo de atún, Fernando, y me encanta. Es la demostración de lo que nos cuesta en la empresa el tema de las emociones. Antes te he hablado de Silvia Damiano, la referencia en neuroliderazgo. La otra referencia en esa materia es el profesor de la Universidad de Nueva York, David Rock, creador del modelo de la bufanda (SCARF, en inglés).

—¿SCARF?

—Sí, las personas ofrecemos nuestra mejor o peor versión en función de cómo somos tratados. SCARF es un acrónimo de estatus: la importancia y el respeto que le concedemos; certezas: comunicación en un mundo tan incierto; autonomía (una vez más; explícale a tu gente los qués, pero que te sorprendan ellos con los cómos); relación personal: la cercanía que a los latinos se nos da bien, pero que siendo incoherente desemboca en paternalismo; equidad (*fairness*): tratamiento desigual de situaciones desiguales. Así ha sido la equidad desde los tiempos de Aristóteles.

—Toda una bufanda, sí señora. De las que te protegen del frío.

—Te animo a incluir el compromiso de tus profesionales, el de verdad, involucrarse en el proyecto empresarial, como uno de tus KPIs, de tus indicadores clave. Sin edulcorantes propios de ningún departamento interno, porque no se trata de «salir bien en la foto», sino de que tu gente esté realmente enganchada a lo que hacéis, reduciendo al mínimo el drenaje de Talento.

—Me has dejado tocado con lo de la actitud y con el compromiso como multiplicador de la capacidad. Voy a tomar cartas en el asunto.

—Es lo bueno de la mayor parte de los CEO, que sois hombres de acción. Y digo hombres, porque todavía no hay suficientes mujeres.

Fernando Tessen esbozó una sonrisa de complicidad e ironía.

—Me apunto deberes, Beatriz. Proponer una transformación cultural para elevar el compromiso de nuestros profesionales, como tú dices. Analizar y medir para mejorar el grado de diversión, la conexión emocional a través de la SCARF y, por supuesto, la autonomía, el empoderamiento. Conseguir una mayor motivación desde dentro de nuestras mentes y nuestros corazones, afianzando el propósito corporativo, la delegación efectiva y el aprendizaje.

—Te felicito. Toda una hoja de ruta para mejorar la facturación y la rentabilidad desde el Talento, haciendo lo correcto.

—Y todavía nos quedan un par de platos en esta cena.

—No te vas a aburrir, te lo aseguro.

# EL LIDERAZGO YA NO ES LO QUE ERA

Tras el pescado, la carne. Dani García, restaurador marbellí de las tres estrellas Michelin, había preparado su paletilla de lechazo asado a la miel de romero. Cordero horneado en cazuela de barro, con hojas de laurel y romero fresco. Jugoso y tierno, con la piel del lechazo crujiente, por la miel de romero caramelizada. Servido con un bol de ensalada. Un homenaje a los sentidos.

—Beatriz, te lo agradezco porque estoy aprendiendo un montón.

—No es así.

—¿Cómo que no?

—Aprender no es saber. Saber, los conocimientos, solo es la primera parte de la historia, pero no toda. Aprender es hacer, desde la consciencia para ser competente. Saber sin hacer no es saber.

—Bueno, tienes razón. Me has descolocado, para que en la empresa haga cosas nuevas.

—Entremos, si me lo permites, en mi tema favorito: el liderazgo. Creo que el liderazgo me apasiona porque mi abuelo materno se tuvo que poner a trabajar a los 11 años, por necesidades económicas de la familia, y cuando mi abuela le conoció, se enamoró de él «por lo bien que mandaba», decía ella, por cómo lideraba. Estuvieron juntos el resto de sus días, enamorados como dos tortolitos, y tuvieron diez hijos… Fernando, ¿qué es para ti el liderazgo?

—¿No podríamos saltarnos este tema, Beatriz? Me parece tan trillado. Esto del liderazgo «está tan aplaudido», como dicen en México.

—Te pido un pequeño voto de confianza. Porque el problema del liderazgo es precisamente ese, que se habla mucho de él y se practica realmente muy poco. Por ejemplo, en pleno confinamiento, con el teletrabajo, ¿qué colectivo gozó de menor credibilidad, por debajo de los gobernantes y los políticos, la OMS, los periodistas, las ONG? Los CEO, con menos de un 3 sobre 10 de valoración, según los datos del Foro Económico Mundial, de junio de 2020.

—Pues me sorprende, qué quieres que te diga.

—Así son las cosas y te lo digo asertivamente, como reclamación y no como queja. En la Navidad del año 2020, tres de cada cuatro directivos de empresas españolas, el 77 % para ser más exactos, se querían ir de sus compañías por lo mal que lo habían hecho sus jefes en la gestión del coronavirus.

No somos precisamente el país de la calidad directiva, sino el 43ª del mundo (datos del Informe de Competitividad Mundial), impropio para una de las quince mayores economías del planeta. Y en términos de productividad, que tanto nos preocupa, más del 60 % de la productividad de una empresa se explica, para bien o para mal, por su liderazgo o su falta de él, por su buena o mala calidad directiva.

—Retiro lo dicho. Seguro que el liderazgo ya no es lo que era.

—Efectivamente. Bueno, yo defino el Liderazgo, así con mayúsculas, como un tipo de Talento muy especial.

—Un tipo de Talento...

—Sí. El liderazgo es el Talento para influir en los demás desde la autoridad moral, la credibilidad y el ejemplo. Las empresas tienen muchos jefes, con poder formal, y pocos líderes, con autoridad moral. Ahí radica la diferencia.

—Lo del Talento lo tengo claro. Ahora.

—Lo de influir es más complicado de lo que parece.

—Bueno, hay personas que tienen carisma y otras que no lo tienen.

—Déjame decirte, Fernando, que el carisma como don divino, simplemente, no existe. Las personas que más impactan se han trabajado su imagen concienzudamente. Piensa en Mandela, en Obama, en Jacinda Ardern. Son imágenes entrenadas, esforzadas deliberadamente, hasta que resultan naturales.

—Recuerdo aquel clásico de Dale Carnegie, *Cómo influir sobre las personas y disfrutar de la vida*.

—Un texto muy interesante. Te propongo las enseñanzas de Robert Cialdini, profesor de la Universidad Estatal de Arizona, y su libro *Influencia*. En él, Cialdini establece seis principios universales.

—Que son...

—Los tres primeros, el de reciprocidad (lo que hagas conmigo, lo haré contigo), el de escasez (lo escaso es más valioso), el de autoridad (la influencia de los expertos, por ejemplo).

—Principios que tienen todo el sentido.

—Y los otros tres son la coherencia (entre lo que piensas, sientes, dices y haces), la simpatía y la conformidad social (seguir las reglas del juego).

—Esto quiere decir, me imagino, que como CEO seré más influyente cuanto más generoso, valioso, experto, íntegro, simpático y conforme sea.

—Sí, pero todo en equilibrio, sin pasarse ni por exceso ni por defecto. Piensa en los líderes empresariales que más admires, como los que están recibiendo premios en esta gala, y coincidirás conmigo en que son influyentes precisamente por eso. Bob Cialdini, en un libro mucho más reciente, *Pre-suasión*…

—¿Persuasión?

—No, Pre-suasión. Una persuasión preparada previamente, ahí está la gracia. En ese libro presenta un séptimo principio: la unidad. Es la pertenencia a una tribu, sea la de los votantes de un determinado partido o una opción ideológica, los seguidores de un equipo de fútbol, los nacionales de un país en los Juegos Olímpicos. No vas a convencer a los de enfrente.

—Lógico.

—Lógico, Fernando, pero no emocional. He trabajado con políticos de distintos partidos de derechas y de izquierdas; en general, como quieren que les vote todo el mundo, reniegan de sus ideas nucleares para tratar que les voten quienes no les van a votar bajo ningún concepto. En este mundo polarizado, el liderazgo está en la autenticidad.

—Buen ejemplo, Beatriz,

—Y queda el tercer componente de la definición de liderazgo, a cuántos llega su influencia.

—¿Eso es lo del número de Dunbar? A 150.

—Robin Dunbar, el sociólogo escocés que ha demostrado los límites de nuestras amistades. Tenemos, según él, no más de 5 amigos íntimos; no más de 15 amigos de fiar; no más de 50 amigos en general, y no más de 150 conocidos, aunque tengamos decenas de miles de seguidores en las redes sociales y nos consideremos muy influyentes.

—En mi experiencia profesional, a partir de 150 empleados hay que crear una nueva unidad de gestión, porque se pierde el contacto directo.

—Una medida muy práctica.

La mayor parte de los CEO no invierten lo suficiente en el desarrollo de su liderazgo porque no son conscientes del impacto.

—Yo, como sabes, he hecho varios cursos de posgrado y me encanta reciclarme.

—No me refiero a cursos de finanzas, de estrategia, de operaciones, de marketing, de economía digital, sino de liderazgo. De liderazgo, Fernando. Un Talento este el del liderazgo que impacta en la empresa por siete vías muy concretas.

—Los siete magníficos, como la película de vaqueros con Yul Brynner.

—Así lo llamo, precisamente. El liderazgo es el 90 % del aprendizaje de la empresa, nada menos.

—Ya hemos hablado de lo importante que es aprender al menos al ritmo del entorno, si no más deprisa.

—El liderazgo es el 81 % de la reputación de la compañía. Como dice la experta en MarcaCEO Cristina Mulero, los rostros antes que los logos.

—Cuando el CEO de turno hace lo que no debe, y le pillan, el valor de la empresa puede caer un 30 % de la noche a la mañana.

—Así es, Fernando. También, el liderazgo supone el 70 % de la fidelización del Talento y el 70 % del compromiso.

—Esto, ¿qué quiere decir?

—Que siete de cada diez profesionales que abandonan la empresa de forma voluntaria lo hacen por un mal jefe. Y que el compromiso, del que hemos hablado antes y es clave para la productividad, se contagia en la misma proporción.

—Impresionante.

—De forma que el clima laboral, que depende en un 70 % del liderazgo, es casi la mitad de los resultados. Un 44 %, para ser más exactos, como demostró el catedrático Roberto Luna.

—Me dejas de piedra.

—De forma que el liderazgo, directamente, afecta a la facturación de la empresa en un 19 % y al margen, en un 28 %. No hay variable que afecte más a los resultados de la empresa. Solo tenemos un problema con el liderazgo.

—¿Cuál es, Beatriz?

—Que deberían decírselo al gran jefe, y para eso hay que ser muy valiente.

—Ya. Pocos directores de Recursos Humanos deben serlo, porque yo no me había enterado del impacto tan tremendo del liderazgo.

—Los líderes de verdad, las personas que consiguen la felicidad y el rendimiento de sus equipos, no son meros jefes, son mucho más. Por eso solo uno de cada seis directivos en España puede sentirse sanamente orgulloso de liderar de verdad. En este mundo en el que, por primera vez en la historia, las *fake news* han superado a la información veraz, hay muchos más *fake leaders* que líderes auténticos. Y eso que las cualidades de un líder son de sentido común.

—Sí, creo que nos las sabemos todos: tener estándares éticos, marcar objetivos, comunicar con efectividad, hacer equipo, promover el orgullo de pertenencia...

—Son sentido común, pero no práctica común. En tiempos revueltos, como dice Warren Buffett, es como cuando baja la marea: se ve quién lleva bañador, quién lidera de verdad.

—¿Qué podemos hacer entonces?

—Aplicar lo que predicamos.

—Tú has dicho, Beatriz, que el liderazgo es un tipo de Talento y que el Talento se cultiva. Sin embargo, te confieso que yo, como CEO, soy más de seleccionar líderes y de promocionarlos que de desarrollarlos. Creo que el liderazgo es cuestión de carácter y eso es muy difícil de entrenar, francamente.

—A ver, a ver. Tus inquietudes están fundadas, Fernando. Coincido contigo en que el liderazgo es cuestión de carácter y me mantengo en que, como Talento que es, se cultiva. Me gusta más decir que se forja, pero la metáfora es la misma: una parte innata y otra, fruto del aprendizaje, de la experiencia.

—Lo innato será más poderoso que lo aprendido, ¿no?

—Me temo que tenemos que dar un paso atrás y discernir entre temperamento, carácter y personalidad.

—Son más o menos lo mismo, ¿no?

—No lo son. Recordarás que el Talento es inteligencia, inteligencia en acción.

—Efectivamente.

—La neurociencia nos enseña que hay tres niveles de inteligencia. El primero es la inteligencia recibida o temperamento, que es con la que nacemos. Por tanto, es nuestra esencia. Está determinada genéticamente y por las influencias recibidas durante el embarazo. A partir de ahí, el carácter es la inteligencia aprendida, el conjunto de hábitos tanto intelectuales como afectivos, ejecutivos y morales que vamos adquiriendo a lo largo de la vida.

—Veo la diferencia.

—Y la personalidad es la inteligencia elegida.

—¿Elegida?

—Sí, la personalidad que elegimos cada uno desde nuestros valores, el modo en que nos enfrentamos a los problemas y a los retos, nuestro proyecto vital, en definitiva.

—Temperamento, carácter y personalidad. La evolución personal.

—La formación, el entrenamiento, la educación actúan en el segundo nivel, a partir del temperamento, forjando el carácter hacia la personalidad. Hay un cierto consenso científico por el que lo hereditario (por tanto, lo innato) es entre el 30 % y el 60 % del cableado cerebral, de las conexiones cerebrales que tenemos.

—Y por tanto, lo aprendido en el entorno es entre el 40 % como mínimo y el 70 % como máximo. Bastante margen para la mejora.

—Sí, más allá de la genética está la epigenética, que importa y mucho. Estoy convencida de que lo innato, el temperamento, es la predisposición que tenemos a que nos guste liderar, es decir, nos motive el poder social (servir a los demás). En mi experiencia, eso está o no desde niños.

—Suena coherente.

—Distintos expertos, como Jerome Kagan, Davidson y Eysenck o Thomas y Chess han demostrado que los rasgos del temperamento son particularmente estables. Rutter, hace más de 30 años, reveló que como niños no somos sujetos pasivos de la educación, sino que la amoldamos según nuestras experiencias.

—Si te entiendo bien, eso quiere decir que los críos más extrovertidos buscan las actividades sociales y los más introvertidos, la soledad.

—Eso parece. La vida nos da una carga genética y dos oportunidades para mitigarla y mejorarla, o no.

—¿Dos oportunidades?

—Sí, dos oportunidades. La primera, la crianza por parte de nuestros padres, de nuestra madre especialmente. ¿Has oído hablar de la teoría del apego o *attachment*?

—No, creo que no.

—Es una teoría creada por el psicoanalista británico John Bowlby (1903-1970), que tras la II Guerra Mundial se dedicó a niños huérfanos y a su salud mental, y sopesó la importancia del vínculo maternofilial, lo que no es privativo de los seres humanos (Konrad Lorenz lo había comprobado en patitos que no podían estar con sus madres). La primera definición de apego de Bowlby es de finales de los años 70, como vínculo afectivo que influye en nuestra tendencia estable a buscar la proximidad y que se compone de conductas, de sentimientos y de creencias (representación mental).

—¿Así de fuerte? Eso de lo que sentimos hacia nuestras madres parece de diván y de psicoanálisis.

—Durante nuestros primeros seis meses de vida, construimos y reconocemos nuestro apego. Después, hasta los tres años, lo experimentamos y lo regulamos. Y a partir de entonces, lo activamos.

—¿Y en la adolescencia? Porque es un periodo convulso, yo lo reconozco como padre.

—En la adolescencia ponemos en cuestión nuestro modelo. En la vida adulta, comprobamos el apego entre pares, incluyendo las relaciones sexuales, y como colaboradores, colegas o jefes en el trabajo.

En 1970, Mary Ainsworth y Silvia Bell, de la Johns Hopkins University, establecieron una tipología de apego a partir de sus investigaciones con niños de dos años.

—¿Una tipología? Me imaginaba que solo era apego o falta de apego.

—Es un poco más complejo, Fernando. Ellos lo llamaron «apego seguro» o de tipo B. Porque hay tres tipos de «apego inseguro»: el ansioso-ambivalente, o tipo C; el huidizo-evitativo, o tipo A, y el inseguro-desorganizado, o tipo D. Bueno, en realidad este cuarto se introdujo quince años más tarde. No me preguntes por qué B, C, A, y D.

—Lo bueno es el apego seguro.

—Lo bueno es conocerte a ti mismo. Recuerda que para aprender hemos de ser conscientes para ser competentes.

El apego seguro es el de los padres que ofrecen disponibilidad, comprensión y ayuda. Los huidizo-evitativos tienden a esquivar a su madre, por rechazo o repulsión de esta. Los ansioso-ambivalentes no tienen la certeza de que sus padres estén disponibles, por falta de sincronía emocional. Los inseguro-desorganizados viven un vínculo caótico, no saben a qué carta quedarse.

—Tu apego como niño, ¿te acompaña toda la vida y puede marcarte como líder?

—A no ser que seas consciente y lo cambies, porque aprendemos por aspiración y por desesperación, no estamos condenados a tropezar siempre en la misma piedra. Mario Marrone, allá por 2006, escribió que el apego es una gran fuente de resiliencia y vulnerabilidad. Una base segura lleva a la resiliencia, a superar las adversidades y, ante ellas, vive el sufrimiento. Una base insegura genera alta vulnerabilidad, lo que provoca que ante la adversidad se hace necesaria la psicopatología.

—¡WOW! ¿De ahí la escasez de liderazgo?

—Muy probablemente. Imagínate con la pandemia: teletrabajo, padres que no tienen tiempo para «ocuparse» de sus hijos, la ansiedad se ha triplicado en la población. Un panorama nada agradable.

Siguiendo al Dr. Mario Marrone, que tiene un formidable libro sobre teoría del apego, las personas más seguras de sí mismas suelen haber recibido apego seguro de sus padres; las que lo tuvieron inseguro evitativo suelen ser evitativos; las que sufrieron de apego inseguro ambivalente son de tipo preocupado, y las de apego inseguro desorganizado están predispuestas a patologías psiquiátricas graves. Nada más y nada menos.

—Tenemos mucho que agradecer a nuestros padres las personas que vamos firmes por la vida.

—Tenemos mucho que agradecer, siempre, Fernando.

—Lo del carácter nos ha llevado a la teoría del apego, que me ha interesado muchísimo. ¿Podríamos decir que hay un carácter propio del líder?

—Se me ocurren dos posibles respuestas a eso. La primera, desde la historia que tanto nos gusta a ti y a mí. El profesor de Harvard Arthur Schlesinger (1917-2007) tuvo la brillante idea de considerar a los presidentes de Estados Unidos con la valoración de 55 colegas suyos historiadores. ¿Quiénes crees que estuvieron en el podio, entre los tres primeros, prácticamente en la opinión de todos ellos?

—Imagino que Lincoln, que es Abe el honesto, el primer presidente, George Washington, y el que les sacó de la mayor crisis económica, de la gran depresión, Franklin Delano Roosevelt.

—Exactamente. Se nota que te gusta la historia. Lincoln, Washington y Roosevelt están en el podio de casi todos. También suelen salir bien puntuados Thomas Jefferson, Andrew Jackson, Teddy Roosevelt, Woodrow Wilson y Harry Truman. Y entre los peores, suelen salir James Buchanan, Ulysses S. Grant y Warren Harding.

—¿Y los más recientes?

—Fieles a sí mismos, los historiadores no se consideran con perspectiva suficiente como para valorar su legado. Me parece coherente. Pero bueno, no me enrollo. Schlesinger extrajo los rasgos de carácter de los mejores presidentes americanos, que es lo que me ha venido a la cabeza.

—¿Y cuáles son esos rasgos de carácter?

—Espérate, a ver si me acuerdo de los ocho:

- Una visión sobre el futuro de la nación.
- La capacidad de poner su tiempo en la perspectiva de la historia.
- Capacidad sobresaliente de comunicación.
- Coraje para tomar y asumir decisiones impopulares.
- Gestión de las crisis.
- Integridad y autenticidad.
- Sabiduría.
- Capacidad para trabajar (negociar) con el poder legislativo.

—Mmm. Una interesante combinación de capacidades. Creo que en buena medida nos sirve para los líderes actuales.

—En un 80 %, sí. El liderazgo es el liderazgo, desde las cuevas de Altamira a los conflictos que veremos entre China y Estados Unidos.

—¿En un ochenta por ciento? ¿Y el veinte por ciento restante?

—Sí, en un 80 %. Porque este virus ha reseteado el capitalismo, nos ha metido sin marcha atrás en una nueva era y exige un liderazgo TCV.

—¿TCV?

—Un liderazgo TCV («tras el coronavirus»).

# MEDIR EL LIDERAZGO

A medida que los camareros de la Dani Brasserie iban retirando los platos y algunos de los comensales aprovechaban para salir a la terraza y disfrutar de las hermosas vistas de la noche madrileña junto a la Puerta del Sol, fue Beatriz la que inició el diálogo.

—Antes hemos hablado de luces largas y luces cortas para conducir nuestras empresas y nuestras vidas. Quisiera preguntarte, Fernando, qué crees que deberíamos haber aprendido de la pandemia del coronavirus, con sus olas, sus variantes, su «movida», como dicen los jóvenes.

Tessen respondió precipitadamente.

—Pues no sé. Que los peligros acechan, que tenemos que protegernos, que hay que invertir en sanidad, que las vacunas son importantes…

—Todo eso es cierto. Le he dado muchas vueltas al asunto, como te puedes imaginar, y lo he consultado con expertos de verdad: pensadores, sociólogos, economistas, y creo que esta especie de plus ultra, este «ir más allá», se asienta sobre dos pilares,

—¿Sobre dos pilares?

—Sí. El primero, el sistema inmune. Jacinda Ardern, la primera ministra de Nueva Zelanda, considerada la dirigente política que mejor ha gestionado la pandemia, emitió un vídeo el 11 de marzo de 2020 (cuando en Europa todavía nos lo tomábamos a guasa), titulado *Hablando de la COVID-19 con la primera ministra,* en la que la Sra. Ardern dialoga con dos doctoras: la Dra. Juliet Gerrard, Chief Science Advisor (asesora científica principal) del país de los All Blacks, y la Dra. Michelle Dickinson, por el uso de la mascarilla. La Dra. Gerrard, licenciada en Oxford, es un ejemplo de rigor, inclusión, transparencia y accesibilidad, valores que corresponden a su responsabilidad. La Dra. Dickinson, conocida en las redes como Nanogirl, es una nanotecnóloga y educadora científica de talla mundial.

El sistema inmune de una organización es el liderazgo. A todos los niveles, desde el CEO hasta la persona supuestamente con menor cargo en contacto con los clientes. El sistema inmune requiere de responsabilidad, la otra cara de la libertad. ¿O estamos dispuestos a perder la libertad en la cultura occidental?

—Se ha dicho mucho que este capitalismo de vigilancia, reforzado por la pandemia, recuerda a *1984* de George Orwell, a *Un mundo feliz* de Aldous Huxley, a *Fahrenheit 451* de mi querido Ray Bradbury.

—Desde el punto de vista del poder, seguro. Desde la perspectiva del ciudadano, recomiendo leer, o releer, *El miedo a la libertad* de Erich Fromm.

—Tendré que hacerlo.

—Y te encontrarás con frases demoledoras como estas: «¿Puede la libertad volverse una carga demasiado pesada como para que queramos eludirla?», «sentirse completamente aislado conduce a la desintegración mental, del mismo modo que la inanición conduce a la muerte», «el campo de las relaciones humanas, en el sentido de Freud, es similar al mercado: es un intercambio de satisfacciones», «la conexión con el mundo puede ser noble o trivial, pero siempre es preferible a la soledad», «el ser humano necesita de la cooperación de los demás si quiere sobrevivir», «si yo no soy para mí mismo, ¿quién será para mí? Si solo soy para mí, ¿quién soy yo?», «el deseo de poder no se arraiga en la fuerza, sino en la debilidad». Fromm publicó este libro en 1941 para explicar las condiciones psicosociales que condujeron a una aberración como el nazismo, en un momento en que el Hitler iba ganando la II Guerra Mundial. Más de 80 años después, este texto maravilloso está de plena actualidad.

—Ese es el primer pilar, la responsabilidad/libertad ante nuestro sistema inmune.

—Que, en el caso de una organización sostenible, es un liderazgo saludable. El segundo pilar es el T3.

—Ya, el T3.

—Sí. Test, tratamiento y trazabilidad. ¿Cuál era la mejor manera de no contagiarnos? Medir si éramos positivos de coronavirus y, en caso de serlo, aislarnos voluntariamente hasta curarnos de la enfermedad. Hicimos lo contrario: confinamientos medievales por tiempos que triplicaron la cuarentena, imposición, obediencia, con la policía y el ejército para conseguirlo. Al poder le encantan esas cosas.

—¿Tú crees que habremos aprendido para la siguiente?

—No lo sé, me temo que no. Lo importante es aprenderlo aquí y ahora.

—Bueno, yo me he comprometido a elevar el empoderamiento, y por tanto la libertad, como parte de la transformación cultural, porque me parece que nos estamos deslizando en sentido contrario. No es poca cosa.

—No lo es. Pero hablemos del T3. ¿Cómo mides tu liderazgo?

—El departamento de Recursos Humanos nos envía un 360° cada dos años y a partir de eso, un informe.

—Como sabes perfectamente, Fernando, 360° quiere decir que opinan sobre ti, tu jefe (que en el caso del CEO no aplica, porque no creo que en tu 360 estén incluidos el accionista y los consejeros independientes), tus pares (que tampoco, en tu caso) y tus colaboradores. 360 es quiénes opinan, no sobre qué opinan. Un concurso de belleza o un encuentro de peñas de un equipo de fútbol podrían ser 360°.

—Ya me dirás.

—El liderazgo TCV exige usar modelos basados en la neurociencia, en lo que pasa en nuestro cerebro a la hora de liderar.

—Te escucho, Beatriz.

—Antes te ha hablado, respecto al compromiso y la involucración, de Silvia Damiano, la mencionada referencia en neuroliderazgo. Ella ha creado un modelo llamado i4. Porque el liderazgo debe ser inspirador, integrador, imaginativo, intuitivo.

—A ver, Beatriz, yo como CEO soy una persona humilde.

—Ya hemos hablado de la distinción entre la humildad como estímulos para el aprendizaje y la mejora continua y depreciar tu Talento. El tuyo y el de tu organización. Si no mides, no consigues. Sin test no hay paraíso.

—¿Sin test no hay paraíso? Muy irónico, Bea.

—Imagino que quieres que tu empresa sea una organización RICA en Talento. RICA es el acrónimo en castellano de rendimiento, innovación, colaboración y agilidad.

—Como estratega, y dado que llevo décadas utilizando el *Cuadro de mando integral* de Norton y Kaplan, lo visualizo con las cuatro perspectivas: colaboración, que es hacer equipo, en la perspectiva de personas; agilidad en la perspectiva de procesos; innovación para el cliente en la perspectiva de clientes y mercados; rendimiento en la perspectiva financiera. Me vale.

—Pues comencemos con el rendimiento y vayamos luego aguas arriba. El rendimiento de una organización es la combinación del rendimiento de sus integrantes, entendido este como el nivel óptimo, tanto físico como mental, emocional y espiritual, que cada persona tiene para lograr lo que se propone.

—Algo muy importante.

—En el modelo i4 se entiende como una de las cuatro metacompetencias. Se compone de cuatro competencias.

—A saber.

—La integración, que es el funcionamiento eficaz de los distintos componentes del cerebro y del cuerpo que resultan en un sistema saludable. El balance o equilibrio, que son las acciones y actitudes que ayudan a una persona a que mantenga su cerebro a pleno rendimiento.

—Perdona, pero no entiendo muy bien la diferencia.

—La integración pregunta por tu nivel de energía, la memoria, el control de los impulsos, la rapidez al pensar, la calma, incluso pregunta por tu amabilidad. El balance tiene que ver con los buenos contactos sociales que te prestan apoyo, tu nivel de relajación, la reflexión, la actitud positiva, la diversión, el descanso, tu condición física, incluso la resiliencia. Son competencias complementarias.

—¡Qué interesante!

—Las otras dos competencias ligadas al rendimiento son la ética, como valores y principios que te guían, y la preparación mental (*readiness*, en inglés): la gestión de la ansiedad, la visualización de escenarios, la seguridad en uno mismo, la concentración, el cambio de estado emocional, la disciplina, el lenguaje positivo.

—Me queda muy claro.

—Pues vamos con la metacompetencia de la innovación, que se refiere a la generación de nuevas ideas, la tenacidad para elegir las mejores y la sabiduría para entusiasmar a otras personas para que las apoyen.

—Ya sé que la innovación no es cosa de un departamento, sino que debe formar parte de la cultura.

—Precisamente por eso, ¿te imaginas un CEO que desea implantar una cultura innovadora con personas poco innovadoras?

Las cuatro competencias de la innovación son: imaginación, que es la facultad de formar mentalmente nuevos conceptos, ideas o patrones sin involucrar a los cinco sentidos; empuje, *drive* en inglés, la fuerza y perseverancia para implantar esas nuevas ideas; curiosidad como sed por explorar y aprender; actitud, que es querer hacer las cosas de manera diferente con una disposición positiva hacia la experimentación.

—Detalla un poco, por favor, empuje y actitud.

—El empuje considera hábitos de esfuerzo, enfrentarse a la adversidad, desafiar lo convencional, determinación, saber lo que quieres, optimismo inteligente. La actitud se refiere a la flexibilidad, a ser diferente, a la proactividad, a que le gusta el cambio.

—Competencias muy necesarias en este entorno cada vez más VUCA, más volátil, incierto, complejo y ambiguo.

—Es lo que nos dice la neurociencia. La tercera metacompetencia es la colaboración, como logro de objetivos comunes de personas que se tratan con confianza y respeto trabajando juntas. Incluye la inspiración, la comunicación, la generosidad y el coraje.

—Este bloque está muy claro, *a priori*.

—A título de ejemplo, en el coraje o valentía hay comportamientos habituales como aceptar el error como fuente de aprendizaje, afrontar situaciones difíciles, ser directo cuando algo no te satisface o saber cuándo abandonar.

—Me convence.

—Y la cuarta metacompetencia es la agilidad, que es la capacidad de leer las condiciones cambiantes en el entorno y poder adaptarse rápidamente a ellas. Se compone de intuición, saber algo sin ser racionalmente consciente; de consciencia, de la que hemos hablado: percibir tu mundo interior y tu entorno; de influencia: impacto sobre los demás; y adaptabilidad: capacidad de adaptarte con efectividad a los cambios del entorno.

—Fascinante. Entonces, ¿cómo funciona ese test de neuroliderazgo?

—Eliges una serie de personas que te conocen. En 360°, o mejor, en un doble 360° profesional y personal, porque muchas veces el rol laboral nos constriñe tanto que no ponemos en marcha muchas de las cualidades que nos son naturales. Yo, como mujer, lo sé muy bien.

—¿Cuántas personas deberían opinar?

—Un máximo de veinte personas. Les das a los expertos sus direcciones de correo electrónico y, una vez que lo rellenen todos ellos, dispones a los 20 minutos de un informe de 72 páginas con los resultados globales, en cada una de las metacompetencias, con un sistema de semáforo (fortaleza, alerta, oportunidad de mejora) en contraste entre tu percepción y la de los demás, dividiendo entre jefes, pares, colaboradores, amigos, familia… Las metacompetencias se comparan con una base de datos de centenares de miles de directivos. Un profesional certificado en el modelo i4 Neuro-líder te lo explica pormenorizadamente. Como *coach* estratégico, imagínate la ventaja que supone para mí no partir solo de tu opinión como CEO, sino de las prioridades reales para el desarrollo de tu liderazgo. Es una turbina.

—Quería preguntarte una cosa. El test de antígenos y el PCR sirven para no propagar el virus, para que la autoridad te permita viajar al extranjero o, en algunos países, para que puedas entrar al interior de los locales. Este test i4 que me has comentado, o los test de neuroliderazgo en general, ¿qué utilidad tienen?

—Hemos tratado antes el impacto que tiene el liderazgo en el aprendizaje, la reputación, la fidelización y el compromiso, el clima laboral, los ingresos y el margen. Por tanto, tu test como directivo pasa a ser tu acreditación como líder.

—¿Cuál es la consecuencia?

—Que no solo tienes que generar valor para el accionista, para los *shareholders*, sino para todos los agentes, los *stakeholders*, sean clientes, proveedores, empleados, administración o la sociedad en su conjunto. Todos estos agentes querrán saber objetivamente tu calidad directiva y cómo vas avanzando con el tiempo.

Y también hemos comentado que las nuevas generaciones, *millennials* y *centennials*, valoran especialmente su tiempo y su carrera profesional, apostando por el *job crafting* y el *job hopping*. El mejor Talento querrá saber en manos de quiénes está el proyecto antes de embarcarse en él. El propósito empresarial y los valores vividos son la condición necesaria para decir sí a la empresa, el liderazgo, realmente medido y demostrado, marcará la diferencia.

—Los CEO es que solemos tener un problema con los intangibles. La contabilidad tradicional explica tan bien la rentabilidad de una compañía, el flujo de caja lo que tenemos en efectivo, los ingresos son tan concretos.

—No puedo estar más de acuerdo. Sin embargo, fíjate en lo importante que son los intangibles en nuestros días. Ya no es «el fondo de comercio» del que se hablaba cuando estudiaste la carrera. Tú mismo has hablado del *Cuadro de mando integral*, de cómo las cuatro perspectivas interconectan y el Talento predice el éxito de la compañía, a través de procesos eficientes e innovadores y de una orientación, casi obsesión, por el cliente. Los CEO como tú no pueden estar de espaldas a la realidad, a los predictores de tu negocio, y si tu director de Recursos Humanos no te lo propone y no insiste en ello, por desconocimiento o por falta de coraje, el coste de oportunidad es enorme, inasumible.

Fernando Tessen se quedó pensando un momento, en su interior reconocía que «estas cosas de Recursos Humanos» nunca se las había tomado demasiado en serio. Sin embargo, su antigua profesora, que no tenía nada de *happy flower*, le estaba dando en la diana. Su sana ambición podría lograrse mejor con estos planteamientos de análisis y medición del Talento en general y del liderazgo, empezando por el suyo, en particular. Si esto no era un «eureka», se parecía mucho.

Ya estaban llegando a los postres, entre premios y agradecimientos.

—Recuerda, Fernando, la frase de Peter Drucker sobre la incertidumbre. Lo grave es actuar con la lógica del pasado. La lógica del capitalismo salvaje, de tomar inversiones para la sostenibilidad como gastos de los que prescindir, del Talento como mero personal a los que compensar de la forma más rácana posible, de generar, aunque sea involuntariamente, climas laborales irrespirables, no es nada profesional y acaba con la empresa.

—No sé cómo más CEO no lo ven.

—Porque muchos no tienen claras las prioridades, se dejan llevar por la presión y se olvidan de las 3 H de liderazgo.

—¿Cuáles son las 3 H?

—Son un concepto de Manfred Kets de Vries, profesor de INSEAD, psicoanalista que se ha especializado en el lado oscuro del liderazgo. Cuando «*los* directivos se pasan de rosca»…

—Enfatizas *los* porque casi siempre son hombres.

—Es que son casi exclusivamente varones. Las mujeres directivas suelen sufrir de «síndrome de la impostora», pero esa es otra historia que esta noche no toca. No quiero irme por los cerros de Úbeda.

En fin, las tres H son humildad, humanidad y sentido del humor. Para mí hay tres héroes que nos enseñan mucho: Gandhi es un ejemplo de vida sobre humildad. Ya sabes su frase, «sé el cambio que quieras ver en el mundo». Tomás Moro, patrono de los gobernantes (y creo que de los líderes) cuyo libro *Utopía* deberíamos leer y releer, porque es revolucionario y plenamente humanista, nos legó sentencias como «la amistad como amor es cálido, el amor como amistad es perenne». Y Mandela, Nelson Mandela, icono del sentido del humor. ¡Mira que había sufrido ese hombre, más de 26 años recluido en una cárcel de alta seguridad, y siempre se mostraba sonriente! Por eso mi amigo John Carlin, el periodista, que lo conoció bien y de quien escribió *El factor humano*, publicó otro estupendo libro titulado precisamente *La sonrisa de Mandela*. Una sonrisa única.

—Ah, sí, vi la película *Invictus*, dirigida por Clint Eastwood, basada en el libro de Carlin. Sobre cómo Mandela transformó Sudáfrica con el mundial de rugby. Los *springbooks*, el equipo nacional.

—Eso es. Hay quienes han incluido una cuarta H, la de la honestidad. Ya te he dicho que, en medio de tanto cinismo, son tiempos de liderazgo auténtico. En esto, el exponente podría ser Abraham Lincoln. Ya sabes el discurso de la casa dividida, que lo comentábamos en clase.

—«Una casa dividida contra sí misma no puede sostenerse». Ahora los directivos hablamos mucho de sostenibilidad y hacemos poco por integrar la casa.

—Estoy de nuevo de acuerdo, Fernando. Una vez somos conscientes del problema, actuemos por la solución.

# TECNOLOGÍA: IRONMAN *VS.* TERMINATOR

Llegó el momento del postre, de la mítica tarta de queso de Dani García. Una demostración más de que el chef de Marbella es un creador de conceptos. Esta tarta no emplea galletas, como ocurre en muchas *cheesecake*, sino una mezcla de mantequilla, harina de almendras, harina floja y azúcar moreno. La masa de queso tiene otra peculiaridad, porque no es una única masa, sino dos, a las que se une un poco de merengue para dotarla de un punto más aéreo de lo normal. El queso crema Payoyo debe su nombre a una cabra de la sierra de Cádiz. Ha recibido cientos de galardones, entre ellos el World Cheese Award como «mejor queso del mundo». Ahí es nada. Un sabor final característico e irresistible. Esta tarta de queso no toca nevera; se consume el mismo día que se elabora. Es decir, se deja reposar a temperatura ambiente y se come.

—Llevamos más de dos horas charlando y no hemos hablado de tecnología, más allá del filtro GTCT: globalización, tecnología, clientes y Talento. Me parece muy extraño.

—Es que la tecnología es un medio, pero nunca un fin. Así lo reconocen *los* CEO de las GAFAM, y resalto *los* porque todos son chicos, aunque en nuestro país la mayoría de las tecnológicas las dirigen mujeres. Los primeros ejecutivos deberíais tener el Talento tan presente o más que la tecnología.

—Sin embargo, la tecnología hoy es una promesa de valor.

—Sin duda. Una promesa de eficiencia. No estoy tan segura de que sea una promesa de innovación, como hemos comentado antes, ni una promesa de excelencia, de mejora de la calidad de servicio, si el factor humano no está a la altura.

—Es muy posible.

—Quiero desafiarte, mientras probamos este exquisito postre, hasta en siete retos ligados a la tecnología, a la automatización, a la digitalización. ¿Te apuntas?

—Por supuesto que sí, Beatriz.

—El primero es: «Lo digital no tiene nada de nuevo».

—¿Cómo que no?

—Digital es el sistema binario, que ya presentó el matemático indio Pingala, autor del *Chanda shastra*, en el siglo III a. C. El filósofo chino Shao Yong trasladó en el siglo XI los hexagramas del I Ching a ceros y unos. En 1605, Francis Bacon se refirió a un sistema por el que las letras del alfabeto se trasladaban a secuencias de dígitos binarios. 65 años más tarde, Juan Caramuel, el monje castellano, describió su sistema binario en el libro *Mathesis biceps*. Hasta que lo documentó el filósofo alemán Leibniz, el enemigo de Isaac Newton, a principios del siglo XVIII en su célebre artículo «Explicación de la aritmética binaria», donde aparece el sistema de numeración binario actual. En 1854, el matemático inglés George Boole publicó otro artículo científico donde se explicaba pormenorizadamente lo que hoy llamamos álgebra de Boole.

—De Oriente a Occidente, pasando por España.

—Bueno, el cisterciense Juan Caramuel, que fue filósofo, matemático, lógico y lingüista, estudió en Alcalá de Henares y Valladolid, fue abad en Escocia y de los benedictinos de Viena, se trasladó a Praga, asesoró al papa Alejandro VII y murió en Lombardía, cerca de Milán. Todo un superdotado, que hacía tablas astronómicas a los doce años con una obra portentosa.

—De momento, no hay informática de por medio.

—Es cierto. Para eso necesitábamos a dos portentos intelectuales. Claude Shannon, que en 1937 presentó su tesis doctoral en el MIT en la que utilizaba el álgebra de Boole para los relés y conmutadores. Shannon trabajó durante 15 años en los laboratorios Bell, codo con codo con los mayores genios del momento, y suyos son el primer ordenador y el término «digital», frente a analógico, durante la II Guerra Mundial.

El segundo héroe de esta historia es Alan Turing. Matemático, lógico, informático, criptógrafo, filósofo, biólogo…

—Y además corría maratones, tengo entendido.

—Seguramente eso le ayudaba en su actividad intelectual. Es el padre de los algoritmos, instrucciones de reglas definidas, ordenadas y finitas que ahora se idealizan, y de la máquina de Turing. En 1952, fue procesado por homosexual y dos años más tarde se suicidó, mordiendo una manzana que había rociado de cianuro.

—El logo que diseñó Steve Jobs para Apple.

—Siempre en nuestro recuerdo. Voy con el segundo reto. Como dice mi amiga Pilar Llácer, investigadora del EAE: «El humanismo es digital».

—¿Qué quieres decir?

—Pilar se refiere a que el humanismo es sustantivo y digital es adjetivo calificativo. El humanismo es un movimiento intelectual iniciado por Coluccio Salutati, discípulo de Boccaccio, a finales del Quattrocento. Los estudios humanistas superaban la mentalidad escolástica medieval desde cinco disciplinas: gramática, retorica, poética, historia y filosofía moral. Estudios que deberíais tener todavía los CEO, si me permites que te lo diga. Era y es la sabiduría a través del conocimiento del ser humano.

La tecnología son los medios, las herramientas, que lleva utilizando el ser humano desde hace más de dos millones de años para adaptarse al entono, desde el fuego y la preparación de la comida. Por tanto, estoy con la profesora Llácer en que no cabe esa actitud digital negativa que observamos en algunos intelectuales. Utilizada convenientemente, nos permite ser plenamente humanos, dedicarnos a lo nuestro.

—Me has convencido de que el humanismo debe ser digital.

—La otra cara de la moneda es que «No caben negocios, empresas, proyectos no digitales».

—Claro que sí. Los vemos continuamente a nuestro alrededor.

—Lo verdaderamente revolucionario es la transformación de los modelos de negocio hacia lo digital. Microsoft se constituyó en abril de 1975, Apple Computer nació en abril de 1976, Amazon en julio de

1994, Google fue fundada en septiembre de 1998 y Facebook, en febrero de 2004.

—Obviamente, son compañías más jóvenes que tú y que yo.

—Por no hablar de Netflix, que es del 97; Tesla, que es de 2003; AirBnB, que es de 2008, y Uber, que es de 2009. Las ATUN. Pero no me enrollo. Estas nuevas empresas, plenamente digitales, han transformado radicalmente la cadena de valor desde nuevas propuestas. Netflix, Amazon Prime o Salesforce, desde los modelos de suscripción; Uber o AirBnB, con el «bajo demanda»; Google o Facebook, con los ingresos ocultos; Amazon o Zappos, desde el comercio electrónico; Google, Facebook, Twitter o Quora, con la publicidad por internet; AirBnB o eBay, con el *peer-to-peer*; Tesla, con el ecosistema; LinkedIn o Dropbox, con el *freemium*. No pretendo ser exhaustiva en las pautas de modelos digitales.

—Pues demuestras saber un montón.

—Hemos de aprender de los gigantes tecnológicos aquella vieja lección del fundador de Intel, Andy Grove: «Solo los paranoides sobreviven». O reinventamos el proyecto empresarial desde la tecnología o no tenemos futuro. Marc Vidal, el analista y empresario, lo dice muy bien: «Todo emprendedor debe preguntarse qué parte de su actividad será sustituida por un *software* y actuar deprisa».

—La velocidad es esencial. Lo que pasa es que los comités de Dirección solemos actuar a remolque, poniendo parches a medida que el CTO, el antiguo director de sistemas, nos va proponiendo cositas.

—Te animo a que aproveches el próximo plan estratégico para darle un giro radical al asunto. Y recuerda que la transformación digital sin transformación cultural es pura y simplemente «digiticidio», suicidio acelerado de tu organización.

Pero vayamos al Talento y al Empleo. El cuarto reto es que «Los robots arrasarán el trabajo».

—Como en la película *Terminator*, la de James Cameron con Arnold Schwarzenegger. Los robots vienen del futuro para acabar con los humanos.

—Más o menos así. *Terminator* es una peli de 1984, cuando solo Bill Gates y Steve Jobs habían montado sus empresas. El resto de las GAFAM y ATUN no habían nacido aún. Quiero combinarlo con el quinto reto: «La tecnología potencia el Talento».

—Suena a contradicción. La tecnología arrasa con el trabajo y potencia el Talento.

—Sí, la tecnología es un trampolín fabuloso para el Talento, lo multiplica y permite el crecimiento exponencial. Recuerda que el Talento es poner en valor lo que sabemos, queremos y somos capaces de hacer. Por tanto, los trabajos son de bajo valor añadido y los empleos, de alto valor añadido.

Es lo que expertos como Maarten Goos, de la Universidad de Lovaina, Alan Manning, de la London School of Economics, y Anna Salomons, de la Universidad de Utrecht, han llamado RBTC (en inglés, cambio tecnológico sesgado por la rutina). La polarización entre trabajos y empleos: los trabajos desaparecen y los empleos cada vez son más caros. Lo que hace un bibliotecario o un operario de la cadena de montaje es rutinario; lo que hace un abogado o un asesor no lo será nunca. Es el paradigma *Ironman*.

—Me encanta este superhéroe, que en la gran pantalla ha encarnado Robert Downey. Jr. El líder de los Vengadores, aunque no tiene ningún poder. Simplemente, es un emprendedor digital que aprovecha la tecnología mejor que nadie.

—Y por esa simbiosis entre el personaje y el actor, a Robert Downey Jr., que nació en Nueva York en 1965, se le considera el hombre más atractivo de más de cuarenta años.

—Te has vuelto a enrollar, Beatriz.

—Es que la tecnología, bien utilizada, tiene mucho encanto. Es la llamada «humanidad aumentada». O, para la educación, lo que José Antonio Marina llama «proyecto centauro». Cuerpo tecnológico y cabeza humana.

—Tengo ganas de conocer el sexto reto.

—Creo que te va a sorprender, Fernando. El sexto reto es: «A más tecnología, mayor necesidad de ética».

—¿Por qué?

—Porque la tecnología, a medida que se desarrolla, presenta nuevos dilemas morales. La ética es la buena vida, como la definió Fernando Savater, o la forma más inteligente de vivir, en palabras de Marina. El liderazgo debe tener en cuenta la importancia esencial de la ética. Los algoritmos no son neutros, la llamada inteligencia artificial puede convertirse en una trampa, porque como dice el profesor Rafa Yuste, a cargo del proyecto BRAIN en la Universidad de Columbia: «No sabemos bien qué es la inteligencia humana, ¡como para conocer la artificial!». Corremos el serio riesgo de perder amplias parcelas de libertad como consecuencia de un mal uso de la tecnología y que los gigantes del sector nos asfixien. La tecnología es buen siervo, pero un pésimo amo.

—Estoy de acuerdo. La ética no es opcional. Nunca.

—Y el séptimo y último reto es que «Todavía no hemos visto nada».

—¿Qué quieres decir, Beatriz?

—En el año 2022, pasamos el Rubicón de la actividad económica y la tecnología, porque el 52 % de toda la actividad económica ya está automatizada. Y seguirá avanzando exponencialmente.

—¿Qué nos queda entonces? ¿Echarnos a llorar?

—Para nada. Nos quedan dos vías del conocimiento, dos esperanzas fundadas.

—No me digas.

—La primera es saber qué hacen los ordenadores mejor que nosotros. El cerebro humano es el órgano más fascinante del universo, todavía misterioso en muchos sentidos, como la consciencia de la que hablábamos antes. Hemos de reconocer que, aun así, hay muchas cosas que los ordenadores hacen mejor que nuestro cerebro.

—Evidente. Por ejemplo…

—Te recomiendo un libro sumamente interesante, *Errar es útil. Cuando equivocarse es acertar*, del neurocientífico alemán Henning Beck. Un tipo muy divertido que nos enseña hasta catorce peculiaridades del cerebro humano. Por ejemplo, que solo recordamos lo que consideramos importante, porque tenemos un marcapáginas mental (los ordenadores guardan todos los datos), que se nos da muy mal aprender de memoria porque lo que queremos es comprender el mundo (el aprendizaje es emocional y los hechos por los hechos nos aburren), que preferimos tener un falso recuerdo que ninguno (falseamos la memoria con facilidad) y preferimos la supuesta coherencia, aunque no sea real.

—¡Qué interesante!

—Nuestro cerebro fracasa bajo presión, puede quedarse en blanco y cae en las trampas de la distracción y la sobreexcitación (aquello de «no pienses en un elefante»). Se equivoca al medir el tiempo con precisión, porque depende del placer (de fluir) y odia esperar. No puede desconectar jamás y pretende no aburrirse.

—Pues sí que es imperfecto.

—Pero también le resulta sencillo distraerse. Tenemos un filtro en el cerebro contra el *spam*, el correo basura, y distraernos nos hace más creativos, por el funcionamiento de las distintas ondas cerebrales. Arriesgamos demasiado en las decisiones y solemos acertar (nuestras elecciones no están basadas en la aritmética, sino en el pálpito). Para nuestro cerebro, los números no tienen apenas valor y funcionamos mejor sin ellos, con imágenes y con palabras.

—Sí que es diferente nuestro cerebro a los ordenadores de que disponemos.

—Decidir nos resulta un suplicio y aun así tenemos debilidad por hacerlo (por eso, en un restaurante como este, preferimos las cartas de platos cortas a las largas). Utilizamos patrones: los prejuicios nos ayudan, si bien solemos caer en sesgos cognitivos, de los que hemos hablado. Y, por no aburrirte, nos frena la pereza y necesitamos motivarnos (la motivación intrínseca). Cuidado con el «zángano interior», con la gratificación inmediata. Como dice el profesor Manning: «Lo último en recompensas es el respeto de los demás».

—Que no se nos olvide.

—Y te cuento las dos últimas. La creatividad, porque no funcionamos a golpe de tecla; el buen humor, que nos sirve de acicate, y la noradrenalina son las «anteojeras bioquímicas». Además, solemos caer en el perfeccionismo: necesitamos equivocarnos para mejorar. Sí, los ordenadores ya nos ganan, desde hace tiempo, al ajedrez y juegos similares, pero nunca aprenderán como nosotros.

—Toda una apuesta por la complementariedad entre tecnología y humanos.

—Y nos quedan las CIEs.

—¿Las islas que hay frente a Vigo, en las Rías Baixas? Son una preciosidad. He ido varias veces con la familia.

—Bueno, como acrónimo. Te presento al Dr. Carl Benedikt Frey, el economista que dirige en la Universidad de Oxford el laboratorio sobre el Futuro del Trabajo, en la Martin School. De él es esto de que dos tercios de los empleos de nuestros hijos todavía no existen. Bien, Carl Frey publicó un libro en 2019, *La trampa de la tecnología'*, considerado por el *Financial Times* como uno de los libros del año.

—¿Y qué nos cuenta Frey, básicamente?

—Que hay tres cosas, y de ahí las islas Cíes, que en los próximos veinte años los robots no podrán hacer y los humanos seguiremos dominando.

—¿Tres cosas?

—Tres características, tres cualidades, tres competencias. La primera es la creatividad, que parte de la curiosidad. Los autómatas no pueden ser creativos, aunque haya quien nos quiera hacer creer lo contrario.

La segunda es la inteligencia emocional que, como hemos hablado antes, es nuestra capacidad como seres humanos de gestionar nuestras propias emociones, el impulso a la acción, y la relación con las emociones de los demás. Los robots no son emotivos, son incapaces para la emoción, no tienen ganas, como muestra ese anuncio en el que una autómata quiere que un humano le convenza para que le dé a él un puesto de trabajo.

—El compromiso de los humanos. Un componente fundamental de nuestro Talento. Maravilloso.

—Eso es. Y la tercera cualidad que nos es propia es la intuición.

—Que por supuesto existe.

—Por supuesto. Karl Popper y Henri Bergson escribieron que «todos los descubrimientos científicos poseen un elemento irracional o una intuición creadora». La intuición es una forma altamente desarrollada del instinto. Se entrena, se educa. No existen las decisiones objetivas sin emociones. No podemos dar saltos hacia adelante sin intuición.

—Creatividad, inteligencia emocional, intuición no son robotizables.

—Al menos hasta la segunda mitad del siglo xxi. Ahí tienes las CIEs.

—Ya veo, creatividad, intuición, emocionalidad.

—Las organizaciones que, aprovechando la tecnología disponible, son especialmente creativas, intuitivas e inteligentemente emocionales son imbatibles. Como CEO debes tenerlo en cuenta.

—Un CEO en las CIEs.

—Aplícate el cuento y terminemos el delicioso postre.

# EQUIPO: DEL TALENTO INDIVIDUAL AL COLECTIVO

Tan pronto como sirvieron los cafés, Fernando Tessen pasó al ataque. Quedaba poca cena y el CEO tenía muchas preguntas.

—Yo soy muy futbolero, Beatriz. En 2021, Kylian Mbappé, un jugador que puede valer 200 millones de euros, no ganó la Ligue 1. Tampoco lo hizo Neymar. Cristiano Ronaldo no ganó el Scudetto. Erling Haaland, que andará por los 130 millones, no ganó la Bundesliga. Ni tampoco Jadon Sancho, que era su compañero en el Borussia Dortmund. Harry Kane, de un valor de mercado entre los más altos, no ganó la Premier; ni tampoco Marcus Rashford, Mohamed Salah o Alexander-Arnold. Ni Messi, ni Griezmann, ni Benzema ni Modrić ganaron La Liga española. Y ninguno de ellos ganó la Eurocopa de selecciones celebrada en 2021. Hemos tratado mucho el Talento, pero los jugadores más valiosos del mundo, en las principales ligas europeas y con sus conjuntos nacionales, no han conseguido el éxito que se esperaba.

—Sí que sabes de fútbol, la verdad. Pero lo que me has contado de que los mejores no han ganado sus ligas no me extraña nada. Se le atribuye al mítico Michael Jordan la frase de que el Talento gana partidos, pero el equipo gana campeonatos. Para conseguir los anillos de la NBA con los Chicago Bulls, nada menos que seis, tuvo que adaptar su genialidad al equipo.

—¿En qué quedamos?, ¿no es el Talento tan importante?

—El Talento individual es la primera parte de la historia; el colectivo es lo que marca la diferencia. Si quieres, hablamos de equipos de alto rendimiento.

—Por supuesto que sí.

—Antes quiero hacerte una pregunta: ¿crees que tu comité de Dirección es realmente un equipo?

—Sí, bueno, son buenos profesionales, van un poco a lo suyo. Cuando hay presión, son más individualistas…

—Vamos, que un equipo de alto rendimiento no es. Sin embargo, en el fútbol te preocupa más que en tu empresa.

—El fútbol mueve masas y es una gran metáfora de la vida.

—Como dice mi amigo Miguel Conde Lobato, un genio creativo, es la única metáfora que todo el mundo entiende. Ser un equipo es, junto con el Talento y el compromiso, la gran fuente de productividad y de la cuenta de resultados que, con razón, tanto te preocupa.

—Me preocupa y me ocupa.

—Has visto el poder del lenguaje, de las precisiones terminológicas. Hemos tratado las valiosas distinciones entre Recursos Humanos, personas y Talento, entre actitud y compromiso, entre trabajo y empleo, porque la tecnología arrasa uno y potencia el otro. Lo mismo, como verás, ocurre entre grupo y equipo.

—Sinceramente, para la mayor parte de los directivos son lo mismo.

—«Equipo» es un concepto que procede de la marinería francesa, de equiparse en un barco. Un equipo es un tipo especial de grupo humano, un grupo humano que genera sinergias.

—Es decir, que consiguen más juntos que por separado.

—O, como diría el gurú Dave Ulrich, «megasinergias»: 1 + 1 = 10.

—Unos y ceros. Puramente digital.

—Te confieso que en esto he aprendido más de los entrenadores de fútbol con los que he trabajado que de los expertos en dirección empresarial. Saben más ellos, o directoras de orquesta como Inma Shara o de cine como Isabel Coixet. Es lo que llamo «la CSE»:

—¿*CSI Miami*? ¿Investigación en la escena del crimen?

—Casi. CSE: la «ciencia de ser un equipo». Depende de cinco disfunciones y seis características.

—Te animo a empezar con las disfunciones.

—Patrick Lencioni, considerado hace unos años por la CNN como «uno de los gurús que debes conocer», creó el concepto de disfunción en el equipo, como algo que no funciona. En realidad, son cinco disfunciones, que te cuento muy rápidamente. La primera es la «invulnerabilidad» provocada por la falta de confianza entre los miembros del equipo.

—Quiero entender que, si no hay confianza entre los integrantes del comité de Dirección, por ejemplo, ninguno de ellos se abre a mostrar sus errores y ofrecerse como auténtico ser humano.

—Exactamente. La segunda disfunción es el «temor al conflicto». El «florentinismo», la armonía puramente artificial. El «vamos a llevarnos bien».

—A la Dirección suelen llegar profesionales con mucho oficio, que desgraciadamente pueden mostrar una buena cara por delante y te apuñalan por detrás.

—Si nadie dice lo que piensa, el supuesto equipo sobra. Es una banda de «pelotas» ante el jefe. La tercera disfunción es la «ambigüedad» por falta de compromiso real. Como dice mi amigo Adolfo Ramírez, experto en transformación digital, «ni una mala palabra, ni una buena acción».

—Ni una buena acción. Claro, la resistencia pasiva. Poner palos en las ruedas del equipo sin que se note.

—La cuarta disfunción del equipo es la «evasión de responsabilidades» en los miembros del equipo y, como consecuencia, unos estándares bajos. Cada uno se defiende y punto.

—En mi carrera profesional lo he visto demasiadas veces.

—Y la quinta y última disfunción es la «falta de atención a los resultados». El ego se antepone a las sinergias que se podrían lograr si ese conjunto de personas se comportara como un todo.

—Como La Roja de 2010, la de una alineación que recordamos de memoria Casillas, Puyol, Xavi, Iniesta, Ramos, Piqué, Xabi Alonso, el guaje Villa, Capdevila, Silva y Busquets. ¡Qué equipazo! Talento individual…

—Y sobre todo mestizaje, Talento colectivo. El futbolista Joan Capdevila ha escrito un libro valioso con mi amigo Álvaro Merino sobre su experiencia en aquella selección, *Equipos con futuro*. En él habla de claves como «el brillo en los ojos» (entusiasmo), «el cordón dorado» (valorar más el equipo que la individualidad), «el factor Puyol» (contagiar el entusiasmo), «el espíritu del liquen» (no es un camino de rosas, sino de líquenes), «saber subir y bajarse del autobús», «la arquitectura del Talento», «el tándem humildad-ambición» y «la magia del sentido común».

—¿Cómo puedo llevar esa magia a mi comité de Dirección para lograr megasinergias?

—La magia es una forma especial de comunicación. Tuve el honor de estudiar en Harvard con Richard Hackman (1940-2013), psicólogo social, matemático y experto en organizaciones, autor de *Liderar Equipos*, que en 2004 ganó el premio George A. Terry de la Academia de Management al libro del año.

Un equipo de alto rendimiento, un equipo de «verdad», posee seis características que lo definen. Cualidades que pueden parecer sentido común, pero no son habituales.

—Seis características. Imagino que VERDAD es un acrónimo.

—Efectivamente. La V es de «visión compartida».

—Visión, misión y valores. Los tenemos corporativos, de la empresa.

—Cada equipo debe tener, por escrito, su propia visión (es decir, hacia dónde quiere ir y qué desea lograr), su misión (a qué se dedica como equipo) y sus valores (sus principios), coherentes con los de la empresa, por supuesto. Lleva tiempo, claro está, pero son imprescindibles.

—La V está clara. Pasemos a la E.

—La E es de «enfoque profesional». Proceso abierto de debate y proceso cerrado de ejecución, que es el 90 % de la estrategia. El problema, precisamente por la ambigüedad como disfunción, es que normalmente en los supuestos equipos se debate poco y en la ejecución es cuando se produce la evasión de responsabilidades. Tenemos que ser muy serios, muy compañeros, en esto.

La R es de «roles complementarios». Es el valor de la diversidad, tanto la visible y tangible (para evitar la discriminación) como la intangible (para lograr la complementariedad).

—¿Cómo se mide la diversidad intangible?

—Con herramientas objetivas como el test de estilos de aprendizaje de David Kolb, el test de fortalezas de carácter de Martin Seligman y el eneagrama. Si estás pensando en el DISC, olvídate. Por mucho que les encante a algunos, es una herramienta de los años 30 del siglo pasado y de muy pocas posibilidades como elemento cohesionador y potenciador del equipo.

—Ya estamos en el ecuador de las seis características de un equipo de VERDAD.

—La cuarta cualidad es doble. Para ser un equipo, entre sus integrantes es imprescindible la confianza (que es una cuenta corriente emocional, como nos enseñó Stephen Covey, el de *Los 7 hábitos de la gente eficaz*) y el compromiso, del que hemos hablado. Así eliminaremos esas disfunciones. La confianza, revisando lo que ha funcionado y no ha funcionado, depósitos y reintegros, recientemente. El compromiso, generando unas reglas muy concretas en el seno del equipo.

—Enormemente práctico.

—La quinta cualidad es la A de «aprendizaje». El Team Learning. En lugar de proteger los egos y levantar muros, aprender juntos.

—¿Las reuniones, para aprender juntos?

—Exactamente, las reuniones para aprender juntos y no otra cosa. Las reuniones son por lo general tediosas, innecesariamente prolongadas, con presentaciones individuales en las que hay un pacto tácito de «no agresión». Cuando tú presentes, yo no te molesto y tú haces lo propio cuando me toque a mí. Y así tú, el jefe, el CEO, no se entera de nada y el equipo no obtiene la productividad que merece.

Patrick Lencioni ha publicado otro libro, *Reuniones que matan*, en el que se plantea la paradoja de que las reuniones son imprescindibles, son la unidad de trabajo de un equipo o de un grupo que desea convertirse en equipo de alto rendimiento y, por otro lado, suelen ser muy dolorosas, un latazo que se ha convertido en una rutina inútil, en el peaje por llegar a cierto nivel en una multinacional, por ejemplo. Es patético que se hayan convertido en algo tan deleznable, tan exasperante.

—La pandemia, lejos de solucionarlo, lo ha complicado aún más. Todo el mundo se permite agendarte reuniones, de modo que es al final de lo que debería ser la jornada de trabajo cuando te pones de verdad a resolver problemas. En las reuniones virtuales empiezas con más puntualidad, porque no hay el tiempo de cortesía de preguntarte por tu familia o tus aficiones (eso se ha olvidado) y debes mantener más la atención. Usamos un formato más incómodo para seguir haciendo lo mismo.

—No puedo estar más de acuerdo. Con lo gratificante, excitante y extraordinariamente necesario que es aprender juntos.

—Me cuesta imaginar que mi comité de Dirección, en lugar de seguir el protocolo de las reuniones formales, aunque sean aburridas, se dedique a aprender juntos.

—Pues si quieres que tu empresa se adapte al entorno para su sostenibilidad, para que sobreviva, que sea una *learning organization* como dicen los anglosajones, debéis transformar en experiencias de aprendizaje los momentos que estáis juntos. En un proceso de *coaching* de equipo se revisa todo eso.

—La última D es de…

—«Dinamismo». Analizar el entorno, el ecosistema, como equipo. El contexto es tan incierto, tan cambiante, que no podemos esperar a preparar el próximo plan estratégico para analizar lo que está pasando y compartirlo.

—En el otro extremo, no vamos a estar diseñando una estrategia corporativa cada mes.

—Claro que no. En el justo medio está la virtud, también respecto al dinamismo del entorno. Pero hay una serie de herramientas estratégicas que podéis y debéis utilizar conjuntamente para aprender en equipo.

—El tapiz o Canvas, por ejemplo.

—Efectivamente. La herramienta creada por Alexander Osterwalder e Yves Yves Pigneur, que presentaron en 2011 en su libro *Generación de modelos de negocio*, es enormemente útil para el aprendizaje. Es valioso comentar juntos los nueve elementos del modelo: la propuesta de valor (pero entre vosotros, más allá de quedar bien), los segmentos de mercado (quiénes y cómo son nuestros clientes), los canales (las vías de distribución están viviendo una transformación radical y todavía no hemos visto nada), la relación con el cliente, las principales fuentes de ingresos, los recursos clave, las principales actividades, los socios y alianzas, las estructuras de costes.

—Pues oye, puede ser un ejercicio muy interesante. Tengo que animar a mis colaboradores a que se abran, opinen y aporten.

—Puedes usar además la estrategia de océanos azules, que seguro conoces bien.

—La de Kim Chan y Renée Mauborgne. La he estudiado y empleado.

—Eso es. Estos profesores del INSEAD analizaron movimientos estratégicos en distintos sectores durante más de siglo y medio y comprobaron que las estrategias de «océano azul» son percibidas como únicas en su categoría, como Zara o el Circo del Sol, eran apenas el 14 % del total, una de cada siete, pero obtenían más del 69 % de las ganancias. La singularidad merece la alegría.

—¿Qué podemos hacer como equipo, como comité de Dirección?

—Para no ser «océanos rojos», compitiendo en precio como pirañas y marcar la diferencia, podéis hacer la parrilla ERAC: qué eliminar, qué reducir, qué aumentar y qué crear. Debemos empezar por lo que se elimina y reduce, para dejar hueco. Si no, con todo lo que ya hacen los profesionales en las empresas, no queda sitio para más ni en tiempo ni en dinero. Por supuesto, que no quede en un mero ejercicio. Tenéis que llevarlo a un plan de acción, a una hoja de ruta.

—Ya lo estoy visualizando.

—Transformar las reuniones para avanzar en la confianza y el compromiso significa que dejen de ser una revisión de los resultados, casi exclusivamente financieros, y abrir el campo, como se dice en el fútbol que tanto te gusta. Todo el mundo sabe cómo ha ido el mes o el trimestre, eso no aporta nada. No necesitamos más excusas si no se ha conseguido lo previsto.

En cambio, revisar juntos los indicadores clave, los KPIs, es mucho más interesante para forjar el equipo. Te sugiero un cambio al respecto. Los resultados de la perspectiva de Talento, que no los presente la dirección de Recursos Humanos, sino cualquier otro miembro del comité de Dirección. Los de la perspectiva de procesos, cualquier miembro del equipo menos el director de operaciones. Los indicadores de la perspectiva de clientes y mercado, cualquiera menos los responsables de marketing y de ventas. Y los de negocio, no dejarlos en manos del director financiero, que además suelen infravalorar lo positivo y centrarse, como le corresponde, en lo que no se ha conseguido. ¿Te imaginas, Fernando, un cuadro de mando integral que realmente fuera integral, que os perteneciera a todos en el comité de Dirección? No se me ocurre una manera mejor de romper los silos, de ir acabando con los compartimentos estancos.

—Pues me lo estoy empezando a imaginar. Y si yo, como CEO, no soy capaz de lograr esto con mi equipo directo de colaboradores, apaga y vámonos.

—En el liderazgo TCV, el futuro es colectivo y solo lo colectivo tiene futuro, por más que llevemos 500 años de capitalismo individualista. El «nombre del juego» (*the name of the game*) es transformar el Talento individual en colectivo logrando sinergias

—O mejor megasinergias.

—Eso es. Desde la sana ambición y la humildad. Pasar de lo individual a lo colectivo en el Talento es el más formidable de los retos. Tu responsabilidad como CEO.

—Siendo autocrítico, muchas veces los CEO no hemos fomentado eso, sino lo contrario, precisamente para que cada uno de nuestros colaboradores prefieran dirigirse a nosotros para que le resolvamos el problema, el potencial conflicto, en lugar de encararlo con un compañero de la Dirección. Alimenta nuestra vanidad y nuestro ego sentirnos el centro de la rueda. Ahí está el CEO, y todos los demás directores, en torno a él.

—Para eso está el *coaching* ejecutivo, y más concretamente el *coaching* estratégico, querido amigo. Un directivo sin *coach* es como un deportista de élite sin entrenador. ¿Te imaginas a Nadal, a Gasol o a Messi sin que nadie les entrenara, solitos a competir?

—Claro, tú como eres *coach*… Y de las que llevan más de 25 años en el oficio.

—Bueno, es la ley de Murray, ya sabes: «Nunca le preguntes a un peluquero si necesitas un corte de pelo». En cualquier caso, creo que las personas con enorme responsabilidad sobre empleos como tú deben disponer de un espejo que les muestre si el emperador está desnudo, porque muchas veces lo está.

—Sí que lo estamos en ocasiones, en muchas, y sentimos la soledad del poder.

—Tú que te mueves por retorno de la inversión, hace años que se demostró que el ROI del *coaching* supera el

1.600 %. Más de dieciséis veces el dinero y el tiempo invertidos en el proceso de acompañamiento. No es algo para tomarse a la ligera.

Fernando Tessen apuró su taza de café y siguió pensando en ello.

# GEFES: GENERADORES DE FELICIDAD

—Me parece, querida Beatriz, que en esta velada hemos cubierto todos los temas importantes de Talento.

—Nos queda uno, Fernando, y no es menor. Aristóteles, mi *coach* favorito, le enseñó a su pupilo, Alejandro Magno, muchísimas cosas para convertirse en uno de los mayores líderes de la historia. ¿Cuál crees que fue la principal?

—No sé. ¿A relacionarse con sus hombres?, ¿a inspirarles?, ¿a ser creativo en la estrategia y en el campo de batalla?

—Todo eso es muy importante, indudablemente. Sin embargo, creo que su principal lección como entrenador fue el secreto de la felicidad. Para Aristóteles, la felicidad era *telós*, el fin al que aspiramos los seres humanos, nuestra meta suprema.

—A todos nos gustaría tener el secreto de la felicidad. Pero creo que fue Séneca quien escribió que «todos los hombres la buscan, pero nadie sabe qué es».

—Yo creo que el secreto de la felicidad debes poseerlo. Está a tu alcance, al de todos nosotros. Y como dice María Graciani, pasar de jefes (jefes, jefazos y jefecillos, en la terminología del humanista Juanjo Almagro) a GeFes, generadores de felicidad.

—¿Eso cómo se hace?

—Primero, definiendo adecuadamente qué es y qué no es la felicidad. Hay tanto lío en un tema tan de moda.

—Estoy plenamente de acuerdo. Se ha montado una «industria de la felicidad».

—Como dice la «inspiritista» Diana Orero: «Somos las historias que nos contamos». También respecto a la felicidad. Aristóteles la definió primorosamente como «experiencia global de placer y significado».

—Beatriz, antes de que sigas, he de decirte que a mí esto de la «felicidad» me sobrepasa. Provengo de las finanzas y considero que es mejor que cada palo aguante su vela. He visto demasiado paternalismo en las empresas y no me gusta nada. Y creo que nuestro mercado laboral adolece de rigidez, de buenismo. Te lo digo así, con franqueza.

Beatriz evitó responder con impulsividad, respiró profundamente y trató de ser didáctica a pesar de la provocación. Ella era una humanista mujer de negocios y estaba acostumbrada.

—Sé que estás en tu cargo básicamente para responder al accionista. Ellos te ponen y te quitan. Quisiera recordarte que, según las minuciosas investigaciones de Sonja Lyubomirsky, profesora de la Universidad de California, y el difunto Ed Diener, las personas felices son el triple de creativas. Hemos hablado mucho esta noche del impacto de la creatividad en una cultura innovadora y de que la creatividad no es robotizable ni lo será en las próximas décadas. La FET (felicidad en el trabajo) es la nueva productividad. En cualquier caso, hay expertos que prefieren llamarla bienestar. El liderazgo saludable, que incluye por supuesto la felicidad en términos emocionales…

—Ha venido para quedarse. A eso me apunto.

—Hemos encontrado entonces un terreno común. Como el liderazgo es el Talento para influir decisivamente en los demás, el liderazgo saludable es la influencia sobre el bienestar propio y de todos los integrantes del ecosistema, la organización en el sentido más amplio.

—Yo siempre he sido muy partidario de tener oficinas amplias, agradables y bonitas, de que haya biblioteca y clases de yoga, mindfulness. Incluso mi anterior director de Recursos Humanos me convenció de que regaláramos fruta a los empleados, porque la reputación y la productividad aumentaban.

—Me parece, Fernando, que el liderazgo saludable va mucho más allá. Mucho más allá. Empieza por el significado, el sentido, el propósito, el «para qué» de la empresa. Sin él, no hay imán de Talento. Lo que decía Milton Friedman, un desaprensivo disfrazado de ultraliberal, de que el único propósito de la empresa es ganar dinero es una aberración que no te compra ningún individuo sensato y menos los jóvenes, después de que nos hayamos cargado el planeta. El liderazgo Brain-Friendly, el que es bueno para nuestro cerebro, en este caso para nuestra conciencia, sin «s» (optar por lo correcto, por el bien y no por el mal), parte de hábitos de una buena dirección. Clara, transparente e inspiradora.

—No creo que nadie se pueda oponer a eso.

—Los directivos que lo dicen, pero no lo hacen, desde un cinismo, tal vez inconsciente, se están oponiendo.

—Otra vez has dejado de utilizar tu lenguaje inclusivo y enfatizas el masculino.

—Es que suele ser el viejo poder del exceso de testosterona que tantos conflictos nos ha provocado. El liderazgo TCV es liderazgo femenino abierto, sean hombres, mujeres y viceversa quienes lo ejerzan. Más empatía y menos Prozac.

Fernando se quedó callado, esperando que Beatriz continuara.

—El liderazgo Brain-Friendly, te decía, incluye hábitos de dirección en el propósito, en el lenguaje y las ideas positivas, en una sana dirección por objetivos. Y también hábitos de cuidado personal como el sueño y el descanso reparador, la buena alimentación y el ejercicio físico. No hay agente de cambio como las empresas en nuestra sociedad. Las mejores toman esa responsabilidad y, más allá de unas clases de meditación y de fitness, que están muy bien, generan una cultura saludable. Empezando por el CEO.

—Todo sea por atraer a los mejores.

—Atraer, fidelizar, desarrollar y lograr su compromiso, para que tu empresa sea rentable y crezca sostenible y exponencialmente, si me permites los añadidos. Y finalmente el liderazgo Brain-Friendly incluye los hábitos de relación con uno mismo y con los demás, como son el optimismo inteligente, que alarga la vida 12 años de media, nada menos, la aprendibilidad de la que hemos hablado y estar con personas tónicas, que te hacen mejor persona, y no personas tóxicas, que te amargan. En un país como el nuestro, en el que todavía hay dos veces y media más jefes tóxicos que auténticos líderes, tenemos mucho que hacer en ese sentido.

—¿Con los tóxicos qué hacemos? ¿Despedirles, aunque obtengan resultados?

—Tal vez obtengan resultados a costa de quemar a sus colaboradores, por lo que el coste, más allá de la ética, es inasumible. Ojalá se puedan reconducir, porque muchos jefes tóxicos lo son por estrategia, creen que les va a ir mejor siendo unos latigueros. O lo son por exceso de estrés, que contagian a los demás. Si su carácter está tan grabado a fuego que no pueden cambiar, mejor desvincularlos con respeto y dignidad. Me preocupan más los mensajes que un CEO pueda estar enviando, y que la organización capta muy bien, sobre sus preferencias. Que prefiera a los tóxicos, que además son unos aduladores obedientes, a la gente tónica, que puede ser más crítica.

—No nos enredemos, Beatriz. Que la cena iba muy bien.

—A estas alturas de la cena, creo que podemos permitirnos cierta catarsis. Creo que nuestro país, y el mundo en general, no tiene tiempo para complacencias.

—Como CEO, ¿en qué podría dar ejemplo para una empresa más saludable?

—Buena pregunta. La mencionada Sonja Lyubomirsky, una de las principales referencias en los estudios científicos sobre la felicidad, ha demostrado que las circunstancias externas, esas cuya falta viene a justificar que nos sintamos desdichados, como la salud, el dinero o la pareja, apenas son el 10 % de nuestra felicidad. Un 50 % es referencial, es decir, cómo nos «enseñaron» en casa a ser felices o infelices, durante los primeros siete años. Y el 40 % es voluntario. Es la regla del 40 %.

—¿El 40 % de nuestra felicidad, de nuestro bienestar, es voluntario?

—Demostrado científicamente. Sonja, que se graduó en Psicología Social en Harvard y se doctoró en Stanford, lleva tres décadas estudiando científicamente la felicidad y nos ha enseñado doce actividades deliberadas para que seamos más felices.

—Me gusta lo de «actividades deliberadas». Las hacemos, o dejamos de hacerlas. porque nos da la gana. Pues si te parece, las repasamos.

—Vale. La primera es la «gratitud». Ser una persona agradecida.

—Creo que lo soy. Sin embargo, siempre se podrá hacer más en esa línea.

—Como todo aprendizaje, ser consciente para ser más competente. La pandemia ha sido una magnífica oportunidad para que todas las personas hubiéramos sido más agradecidas, y no siempre ha sido así.

Vamos con la segunda actividad deliberada, a entrenar: el «optimismo inteligente». Martin Seligman, varias veces citado esta noche, considera científicamente el optimismo como un estilo explicativo de la realidad y, como ya te he dicho, ha elaborado un test para que lo midamos. Te advierto que, una vez cumplimentado ese test, en general salimos menos optimistas de lo que nos creemos.

—Mándamelo, por favor, y lo rellenaré encantado.

—En procesos de *coaching* estratégico lo utilizamos mucho. La tercera actividad deliberada es «evitar el dar demasiadas vueltas a las cosas» y la comparación social.

—Yo es que tengo muy mal perder. Cuando eso ocurre, repaso una y otra vez lo que debía haber hecho para cambiar el resultado.

—Lo pasado, pasado está. Una cosa es aprender, con serenidad, y otra quedarse en bucle.

—¿Y la comparación social?

—La envidia, que corroe. La envidia sana no existe. Es la admiración, que es valiosa, pero la envidia es mortal. Es un sentimiento o estado mental terrible, que hace muy infeliz a quien la sufre.

La cuarta actividad es practicar la «amabilidad».

—Es que ser amable requiere un poco de tiempo.

—Creo que lo que requiere es foco. Dejar de pensar en mí y pensar en el otro. Las personas generosas suelen ser amables. Ser amables nos vuelve más empáticos, más tolerantes, más asertivos, nos ayuda a conocernos mejor y amplía nuestro espectro de acciones positivas.

—Seguro que no hay quinto malo, Beatriz.

—La quinta marcha es «cuidar las relaciones sociales». Las amistades, la familia, nuestra red de protección. Tras una pandemia que ha provocado el aislamiento, invertir tiempo de calidad con las personas a las que más queremos resulta imprescindible.

Y respecto a ese comité de Dirección cuyo rendimiento y productividad tanto te preocupa, una comida o una cena distendidas, una reunión fuera de la oficina en un entorno natural, un detalle de vez en cuando son inversiones muy rentables. Lo eran antes de la COVID-19 y lo siguen siendo ahora.

—Estamos en el ecuador de las actividades delibera-das para dar ejemplo diario como líder saludable.

—Así es. La sexta es desarrollar estrategias de «res-iliencia», de aguante, de afrontar las adversidades con las 4 P.

—¿Las 4 P?

—Sí, paciencia, perspectiva, persistencia y perseve-rancia. La diferencia entre persistencia y perseverancia, por si nos lo estamos preguntando, está en la continui-dad de la acción. No podemos ganar todas las batallas, solo las decisivas. Tu equipo de fútbol no puede ganar todos los partidos, sino los más importantes.

—En un campeonato, todos los partidos son importantes.

—En un campeonato, lo importante es la regula-ridad. Mantener la ilusión y el entusiasmo a lo largo del año. Como dice mi amigo Pacheta, un entrenador de fútbol muy honesto que estoy segura de que cono-ces y admiras, una temporada es como una maratón. Cuidado con «el muro» y con la pájara que te puede dar.

—¿El perdón no es necesario para ser más feliz?

—Precisamente es la séptima actividad deliberada, es decir, consciente: «aprender a perdonar». Aprender. Lo de «perdono, pero no olvido» suele ser una trampa. Aprender a perdonar es aprender a perdonarte. El resentimiento genera cortisol, una hormona que nos puede salvar la vida en caso de peligro, pero que es muy dañina en circunstancias normales.

—¿Cómo aprender a perdonar?

—Eso nos llevaría demasiado tiempo, me temo. Desde el reconocimiento, la aceptación, ver a la persona que nos ha hecho daño de manera completa, integral, escuchándonos y amándonos, no castigándonos, modificando la situación. En la vida, lo que no hemos superado vuelve como un bumerán.

—Imagino que es un trabajo consciente y sistemático.

—Que «merece la alegría», como dice Alonso Pulido, el creador de «Ahumor». La octava actividad es la «fluidez».

—¿La fluidez?

—La fluidez, el *flow*. Un concepto de Mihalyi Csíkszentmihályi (Miguel Migúelez, en húngaro), el otro padre de la psicología positiva junto a Seligman. Fluir es la clave de la experiencia óptima y consiste en marcarnos retos y elevar nuestras capacidades a la altura de esos retos. Cuando los desafíos nos desbordan, sufrimos de ansiedad; cuando no tenemos retos que tiren de nosotros, simplemente, nos aburrimos.

—No mucha gente debe fluir por la vida.

—Se calcula que menos del diez por ciento de la población. Nueve de cada diez personas se sienten ansiosas y aburridas. No concibo el liderazgo sin fluidez.

—Nos quedan cuatro actividades.

—La novena actividad deliberada es comprometerte con tus «objetivos».

—Ya, objetivos SMART. En castellano, medibles, alcanzables, retadores, temporales, específicos.

—Perfecto. O como dice mi amigo Rubén Turienzo, el experto en motivación y en hacer «que las cosas sucedan» (lograr tus objetivos), SMARTER: SMART + ER. Los objetivos hoy también deben ser ecológicos y responsables.

No son «una carta a los Reyes Magos», sino el signo de nuestro compromiso como persona y como profesional.

—Sé bien que en un proceso de *coaching* los compromisos son sagrados.

—Por eso se logran los objetivos en más de un 90 %. Porque están bien planteados y hay un seguimiento sistemático. Creo que te sorprenderá la décima iniciativa: «saborear» las alegrías de la vida. Los anglosajones lo llaman *savouring* y los franceses *savourer*.

—¿Dar un paseo por la playa, por la montaña o por el bosque, disfrutar de una buena comida o cena, reírse mucho?

—Efectivamente. El saboreo es la sal de la vida. Tenemos que elegir experiencias positivas en el liderazgo saludable.

—Ciertamente. Y encontrar huecos de agenda, como cualquier actividad importante. Si no, lo dejamos para lo último.

—En el capitalismo salvaje, saborear las alegrías de la vida te hace sentir culpable. En esta nueva era, en la que el Talento es el motor, no podemos dejar de elevar nuestro Talento si no es disfrutando.

La penúltima actividad es «practicar tus valores». No solo enunciarlos, sino vivirlos de forma cotidiana.

—Así convertimos los valores en virtudes, en valores vividos. Me ha impactado mucho cuando lo has comentado en la definición de Talento del profesor Marina: «Practicar las virtudes de la acción». No me tengo por virtuoso, para nada, pero sí por coherente con mis valores en mis acciones.

—Y la última actividad, como imaginarás, es «ocuparte de tu cuerpo y de tu alma». Practicar el ejercicio físico e invertir sanamente en tu apariencia. Como decía nuestro querido Eduard Punset:«El alma está en el cerebro».

—¿Punset también era amigo tuyo?

—Lo traté poco, la verdad. Me hubiera gustado tratarle mucho más. De quien sí me precio de ser amiga es de su hija Elsa. Elsa Punset es una referencia en el campo de la inteligencia emocional.

—¡*Wow*! Mucho que hacer. Se me hace difícil recordar las doce actividades así de tirón.

—Te propongo que las agrupes por bloques. El bloque de tus motores personales, donde están la gratitud, el optimismo y la fluidez. El bloque de los vínculos, con la amabilidad, las relaciones personales y el saboreo. El bloque del aguante, con la resiliencia, dejar de darle vueltas a las cosas y el perdón. Y el bloque del cuidado, con los objetivos, los valores y el ejercicio físico y mental. Oros, copas, espadas y bastos.

—La acción, en los motores: las emociones, en los vínculos; la serenidad, para evitar lo visceral; la mente, en el cuidado. Energía física, mental, emocional y espiritual. Lo veo muy claro.

La velada había concluido y los comensales se levantaban de las mesas para felicitar a los homenajeados y seguir conversando de pie.

—Beatriz, ¡qué maravilla de encuentro! ¡Todo lo que he aprendido!

—Yo también he disfrutado de lo lindo. Recuerda que todavía no has aprendido nada, porque saber sin hacer no es saber. El factor H. Ha sido una maravilla verte tan en forma, física, mental, emocional y de valores.

—Si te parece, le pido a mi asistente que concierte una cita contigo para que sigamos hablando de estas cosas. Le doy muchas vueltas al entrenador de mi equipo de fútbol y cómo lo hace...

—Para lograr sinergias en el equipo.

—Y no me ocupo de tener mi entrenadora para mejorar mi liderazgo, que falta hace.

—Estaré encantada. Y te deseo lo mejor. Los empleos y la felicidad de nuestros compatriotas están en manos de líderes empresariales como tú.

—Toda una responsabilidad.

—En la que el Talento marca la diferencia.

# Bibliografía

## ¿Somos Recursos Humanos, personas o Talento?

Becker, Brian E., Huselid, Mark A. y Ulrich, Dave. *El Cuadro de mando de RRHH*. Gestión 2000, 2007.

Brown, Phillip, Lauder, Hugh y Ashton, David. *The Global Auction. The Broken Promises of Education, Jobs and Income*. Technology and Culture, 534 (1): 170-174, enero 2013. https://www.researchgate.net/publication/227468309_The_Global_Auction_The_Broken_Promises_of_Education_Jobs_and_Incomes

Drucker, Peter. *The Practice of Management*. Collins, 2006.

Eckhout, Jan. *The Profit Paradox*. Princeton University Press, 2021.

Fast Company. *Why we hate HR*. 1 de agosto de 2005. https://www.fastcompany.com/53319/why-we-hate-hr

Harvard Business Review. *It's Time to Blow Up HR and Reinvent Something New*. Julio-agosto de 2015. https://store.hbr.org/product/harvard-business-review-july-august-2015/br1507?sku=BR1507-MAG-ENG

Healthfield, Susan. *¿Es Recursos Humanos el último bastión de la burocracia?* Observatorio de Recursos Humanos, 2017. https://www.observatoriorh.com/blogosfera/recursos-humanos-ultimo-burocracia.html

Mayo, Elton. *The Social Problems of an Industrial Civilization*. Forgotten Books, 2018.

Taylor, Frederick W. *The Principles of Scientific Management*. Independently Published, 2020.

Ulrich, Dave. *Human Resources Champions*. McGraw-Hill, 1996.

Ulrich, Dave & Brockbank, Wayne. *HR Value Proposition*. Harvard Business Review Press, 2005.

Weber, Max. *Conceptos sociológicos fundamentales*. Alianza Editorial, 2014.

## Liberemos el Talento

Bock, Laszlo. *La nueva fórmula del trabajo*. Conecta, 2021.

Cubeiro, Juan Carlos. *Del capitalismo al talentismo*. Deusto, 2012.

Goleman, Daniel. *Inteligencia emocional*. Ed. Kairós, 1996.

Jericó, Pilar. *La nueva gestión del Talento*. Anaya, 2011.

López Combarros, Carlos y Cubeiro, Juan Carlos. Entrevista personal: vivencias de un catador de Talento. Ediciones Díaz de Santos, 2004.

Luna, Roberto. *Gestión del Talento. De los Recursos Humanos a la dirección de personas basada en el Talento*. Ed. Pirámide, 2017.

Marina, José Antonio. *Objetivo: Generar Talento*. Conecta, 2017.

Michaels, Ed, Handfield-Jones, Helen y Axelrod, Beth. *The War for Talent*. Harvard Business Review Press, 2001.

Norton, David y Kaplan, Robert. *The Balanced Scorecard*. Ingram Publisher, 1996.

Paniagua, Purificación. *Muestra tu Talento*. Empresa Activa, 2021.

Peters, Tom. *The Brand Called You*. Fast Company, agosto de 1997. https://www.fastcompany.com/28905/brand-called-you

Villalonga, Mariano. *Gestión del Talento y desarrollo organizativo*. EUNSA, 2020.

## Empleabilidad, aprendibilidad y bienestar

Birkinshaw, William y Piramal, Gita. *Sumantra Ghoshal on Management; A Force for Good.* Financial Times Prentice Hall, 2005.

Bizneo. *Por qué contratar a un job hopper.* https://www.bizneo.com/blog/job-hopper/

Cañigueral, Albert. *El trabajo ya no es lo que era.* Conecta, 2020.

Damiano, Silvia y Cubeiro, Juan Carlos. *Liderazgo Brain-Friendly.* Plataforma editorial, 2020.

Dweck, Carol. *Mindset: La actitud del éxito.* Sirio, 2016.

Gardner, Howard. *Mentes creativas.* Ediciones Paidós, 2010.

Ghoshal, Sumantra y Bartlett, Christopher. *Managing across Borders.* Random House Business Books, 2012.

Kumar, Sudhir. *Learning to Learn.* Amazon, 2020.

Llácer, Pilar. *Te van a despedir, y lo sabes.* Almuzara, 2019.

Ruiz, Arancha. *Ahora o nunca.* Conecta, 2020.

Swan, Mara. *Is Learnability the Skill of the Future?* Alugha, 2017. https://alugha.com/article/a03b8dd8-a8d9-11e7-aa9a-97332fcc1b89?lang=eng

Varela, Belén. *Job Crafting.* Empresa Activa, 2019.

## Aprender de la pandemia, con luces largas y luces cortas

Alonso Puig, Mario. *Resetea tu mente.* Espasa, 2021.

Baños, Pedro. *El dominio mental: la geopolítica de la mente.* Ariel, 2020.

Berruete, Santiago. *Aprendívoros; cómo cultivar la curiosidad.* Turner, 2021.

Campillo, José Enrique. *La consciencia humana.* Arpa Editores, 2021.

Cortina, Adela. *Ética cosmopolita.* Ediciones Paidós, 2021.

Cubeiro, Juan Carlos. *El virus que reseteó el capitalismo.* IDEO, 2020.

Marina, José Antonio. *Biografía de la inhumanidad.* Ariel, 2021.

Pellicer, Carmen y Marina, José Antonio. *La inteligencia que aprende.* Santillana Activa, 2018.

Roca Barea, Mª Elvira. *La historia en tiempos de pandemia.* Metahistoria, 2021. https://metahistoria.com/elvira-roca-historia-en-tiempos-de-pandemia/

Ruiz-Doménec, José Enrique. *El día después de las grandes pandemias.* Taurus, 2020.

Schwab, Klaus. *COVID-19: The Great Reset.* Forum Publishing, 2020.

Zizek, Slavoj. *Pandemia: La COVID-19 estremece al mundo.* Anagrama, 2020.

## Postura ante la vida y energía

Botella, Fernando. *Cómo entrenar la mente.* Planeta, 2020.

Carretero, Jorge H. y Cubeiro, Juan Carlos. *Atrévete a motivarte.* Alienta, 2014.

Castellanos, Luis. *El lenguaje de la felicidad.* Planeta, 2019.

Cuddy, Amy. *El poder de la presencia.* Urano, 2016.

Goleman, Daniel. *El cerebro y la inteligencia emocional: nuevos descubrimientos.* B de Bolsillo, 2019.

Damiano, Silvia. *Implícame: Reflexiones inspiradoras para directivos que buscan el compromiso.* Gestión 2000, 2011.

Gallup. *What is Employee Engagement and How to Improve It?* https://www.gallup.com/workplace/285674/improve-employee-engagement-workplace.aspx

Marina, José Antonio. *Los secretos de la motivación.* Biblioteca UP, 2011.

McClelland, David. *Estudio de la motivación humana.* Narcea, 1989.

Pink, Daniel. *La sorprendente verdad sobre qué nos motiva.* Gestión 2000, 2010.

Rock, David, *Your Brain at Work.* HarperCollins, 2020.

Villena, Fabián. *Despliega tu actitud positiva inteligente.* Independently Published, 2020.

## El liderazgo ya no es lo que era

Bennis, Warren. *Líderes; las cuatro claves del Liderazgo eficaz.* Norma, 1996.

Carnegie, Dale. *Descúbrete como líder.* Elipse, 2021.

Cassidy, Jude y Shaver, Phillip. *The Handbook of Attachment.* Guilford Press, 2018.

Castillo, Ana María y Cubeiro, Juan Carlos. *Liderazgo innovador para dummies.* Para Dummies, 2016.

Cialdini, Robert. *Pre-suasión.* Conecta, 2017.

Cialdini, Robert. *Influence.* Harper Business, 2021.

Cubeiro, Juan Carlos. *La sensación de fluidez.* Prentice Hall, 2011.

Dunbar, Robin. *How Many Friends Does a Person Need?* Faber & Faber. 2010.

Fox, Olvia. *El mito del carisma.* Empresa Activa, 2012.

Kouzes, James y Posner, Barry. *El desafío del liderazgo.* Reverte, 2018.

Marrone, Mario. *La teoría del apego: un enfoque actual.* Psimática, 2009.

Schlesinger, Arthur. La política de la libertad. Dopesa, 1972.

## Medir el liderazgo

Allen, Peter. *Inspiring Leadership.* Amazon, 2020.

Chamorro-Premúzic, Tomás. *Por qué tantos hombres incompetentes se convierten en líderes (y cómo evitarlo).* Empresa Activa, 2020.

Chapman, Madeleine. *Jacinda Ardern. A New Kind of Leader.* Nero, 2020.

Damiano, Silvia. *Leadership Is Upside Down.* About My Brain Institute, 2014.

Fromm, Erich. *El miedo a la libertad.* Paidós, 2004.

Galán, Mónica. *Método BRAVO.* Alienta Editorial, 2018.

Mulero, Cristina. *Marca CEO y embajadores de la marca.* Círculo Rojo, 2020.

Paradis, Brian. *Lead with Imagination.* Forefront Books, 2019.

Puig, Mario Alonso. *Madera de líder.* Empresa Activa, 2012.

Shmidt, Eric y Rosenberg, Jonathan. *El coach de Silicon Valley.* Conecta, 2019.

Sotillo, Sandra. *La era de la confianza.* ESIC, 2021.

Turienzo, Rubén. *El pequeño libro de la motivación.* Alienta Editorial, 2016.

## Tecnología: Ironman *vs.* Terminator

Autor, David y Salomons, Anne: *Is Automation Labour-Displacing? Productivity Growth, Employment and Labour State.* NBER 2018, https://www.nber.org/papers/w24871

Cabezas, Mosiri y De la Peña, José. *La gran oportunidad.* Gestión 2000, 2015.

Debernardo, Héctor. *Más allá de la transformación digital.* Puente Empresarial, 2021.

Frey, Carl Frederick. *The Technology Trap.* Princeton University Press, 2019.

Goos, Maarten, Manning, Alan y Salomons, Anna. *Job Polarization: Routine-Biased Technological Change and Offshoring.* American Economic Review, 2014. https://www.aeaweb.org/articles?id=10.1257/aer.104.8.2509

Hastings, Reed y Meyer, Erin. *Aquí no hay reglas.* Conecta, 2020.

Leal, Silvia. *E-Renovarse o morir. Siete tendencias tecnológicas para convertirte en un líder digital.* LID, 2015.

Lee, Kai Fu. *Superpotencias de la inteligencia artificial.* Deusto, 2020.

Llácer, Pilar. *Por qué Recursos Humanos debería ser como Netflix.* Almuzara, 2021.

Ramírez, Adolfo. *Digitalízate o desaparece.* Gestión 2000, 2017.

Trabado, Miguel Ángel. *Transformación digital.* Anaya Multimedia, 2020.

Webb, Amy. *Las nueve gigantes.* Ediciones Península, 2021.

## Equipo: del Talento individual al colectivo

Belbin, Meredith. *Roles de equipo en el trabajo.* Belbin, 2013.

Carchak, Luis. *Coaching de equipos en la práctica.* LID, 2021.

Cardon, Alain. *Coaching de equipos.* gestión 2000, 2007.

Cubeiro, Juan Carlos. *El bosque del líder.* Prentice Hall, 2001.

Gallardo, Leonor y Cubeiro, Juan Carlos. *La Roja: el triunfo de un equipo.* Alienta Editorial, 2008.

Hackman, Richard. *Leading Teams.* Harvard Business Review Press, 2002.

Hawkins, Peter. *Coaching y liderazgo de equipos.* Ediciones Granica, 2012.

Lencioni, Patrick. *Las cinco disfunciones de un equipo.* Empresa Activa, 2003.

Merino, Álvaro y Capdevila, Joan. *Equipos con futuro.* AMJ, 2021.

Pacheta, José Rojo y Cubeiro, Juan Carlos. *Un equipo honesto.* Círculo Rojo, 2021.

Piqueras, César y Arola, Enric. *Coaching de equipos.* Profit, 2019.

Walker, Sam. *Capitanes.* DEBATE, 2020.

# GeFes: generadores de felicidad

Achor, Shawn. *The Happiness Advantage*. Virgin Books, 2011.

Ben-Shahar, Tal. *La búsqueda de la felicidad*. Urano, 2011.

Ben-Shahar, Tal. *Ser feliz es decisión tuya*. Alienta, 2018.

Cubeiro, Juan Carlos. *Por qué necesitas un coach*. Alienta Editorial, 2011.

Gilbert, Daniel. *Tropezar con la felicidad*. Ariel, 2017.

Graciani, María. *Motivulario*. Empresa Activa, 2012.

Haidt, Jonathan. *La hipótesis de la felicidad*. GEDISA, 2010.

Lyubomirsky, Sonia. *La ciencia de la felicidad*. Urano, 2008.

Lyubomirsky, Sonja. *Los mitos de la felicidad*. Urano, 2014.

Punset, Elsa. *Fuertes, libres y nómadas*. Ediciones Destino, 2020.

Seligman, Martin. *La auténtica felicidad*. B de Bolsillo, 2019.

Seligman, Martin. *Aprenda optimismo*. Debolsillo, 2021.

TALENTO es el concepto del que todo el mundo habla. Políticos, empresarios y directivos se refieren a él como la solución a nuestros problemas individuales, organizativos y sociales. Y no les falta razón, porque hemos entrado en una nueva era en la que el Talento es el motor de transformación, el activo más valioso, superando al capital. La pandemia ha acelerado este proceso irreversible. Sin embargo, la gran mayoría define el Talento a su manera, de forma improvisada, y cae en múltiples incoherencias sobre la forma de atraerlo, fidelizarlo y desarrollarlo, así como en la relación del Talento con la tecnología, el compromiso, el liderazgo o la felicidad.

En la entrega de unos premios empresariales, el CEO de una de las principales compañías de nuestro país, un directivo de 50 años llamado Fernando Tessen, coincide, mesa y mantel, con la que fuera su profesora de *Gestión del Talento* hace más de 20 años en una escuela de negocios norteamericana, la coach Beatriz Santabárbara. Durante más de dos horas, ambos debatirán sobre diez ideas alrededor del Talento en las que solemos estar poco acertados. Diez claves para nuestro liderazgo, nuestra empleabilidad y la sostenibilidad de nuestras organizaciones.

Juan Carlos Cubeiro, la referencia de habla hispana en Talento, Liderazgo y Coaching, autor del clásico *La sensación de fluidez* y del provocador *Del capitalismo al talentismo*, nos presenta este relato ameno, riguroso y profundo sobre el TALENTO. Un texto que te atrapa y te hará cambiar tu manera de pensar.

¿Una caricia o una bofetada de realidad? La diferencia no está en la intención de quien la da, sino en la percepción de quien la recibe.